インドの台所

INDIAN KITCHEN

小林真樹

作品社

はじめに

インドが好きで幾度となく通っているうちに、気がつくとインド食器屋という奇妙な仕事をなりわいとしていた。そこにいたる経緯を記すことをもって、本書執筆にいたる動機の説明としたい。

もともと食べるのが好きだった私には、旅先でインド各地の飲食店を巡ることが大いなる楽しみだった。インドは広大で、まったく異なる料理を提供する、味のある食堂に行く先々で出会える。やがて、旅の道中で食べるという副次的な行為から、食や店巡りそのものが旅の目的となっていった。

料理を食べ進めていくうちに、それぞれの食堂で出会う個性的な食器にも興味をひかれはじめた。北インドのある街では、ステンレス製の楕円皿からこぼれ落ちるがままにカレーが盛りつけられていた。南インドの寺院近くの食堂では、バナナの葉の皿にミールス（南インドの定食）がてんこ盛りにされていた。東インドの菓子屋では、素焼きの器に入った甘いドイ（ヨーグルト）を手渡され、ネパールの山あいの村では、渋い光沢を放つ青銅の皿にダルバート（豆とごはんのネパール定食）がのっていた。過剰なまでに山盛りにしようとする点だけは総じて共通しているものの、食だけでなくそれが盛られる器もまた個性豊かであることが、インドの中をわけいるように食べ歩いているうちにわかってきた。

そこで用いられる金属製の皿や道具を試しに仕入れてみると、インド料理店の店主や趣味でインド料理を作る人たちから反応があった。当時インドの食器を専門的に輸入する業者はなく、国内で増えはじめたインド料理店あたりからポツリポツリと注文が入るようになり、やがて半信半疑ではじめたインド食器屋稼業は何とか軌道にのっていった。「こういう食器がほしい」などというリクエストをもらうことで逆に未知の食器の存在を教えてもらったことも多々あり、そうして新たに知った食器類は現地で見つけるたびに写真に収め、名前や用途をメモしていった。

やがて、単に食卓上に置かれた食器の情報だけでは飽き足らず、そのさらに奥が気になっていった。自分が買い付けようとする食器や道具類がどんなふうに使われているのか。どんな場所に収納され、どんな料理がそれによって作られるのか。つまり、インドの台所や厨房といった内側の世界が知りたくなったのだ。お客さんにも「この道具はこんなふうに使われるんですよ」と説明する義務がある。そうした妙な職業意識から、食べ歩いた先の飲食店や招待された家庭では、なるべく台所や厨房を見せてもらうように心がけるようになった。

この点インドはおおらかな国で、レストランや食堂でオーナーさんに頼んでみるとたいていの店で厨房を見せてもらえた。遠慮をしつつ厨房に入ると、そこには見慣れぬ食器や道具類がたくさん並んだ魅惑的な風景が広がっていた。「おお!」などと声をあげ、巨大な鍋や鉄板などに圧倒されながら夢中で写真を撮っていると、作業する手を止めて熱心に自分の仕事を説明してくれる職人さんが多くいた。招かれた先の家庭でもそうで、通常インドの家庭に招待されると、主人である男性がわれわれ客のそばに座ってホスト役をつとめる一方、奥さんなど家の女性たちは給仕役に徹する。食事時になるとチャパーティー(全粒粉を薄焼きにしたインド式のパン)など焼きたてを一枚一枚台所から運んでこなければならない。それが客人を家に招いた時のインドのしきたりなのだ。話を続けたがる主人を適度にあしらい、台所作業を見るために薄暗い中に入っていくと、奥さんたちははにかみながらも写真に収まってくれ、道具の一つひとつを優しく説明してくれた。

本書で紹介するのは、北は夏でも朝晩寒いカシミールから、南は呼吸するだけで汗の出るタミルの最南部まで、巨大な冷蔵庫を6台も抱える大富豪から、わずかな身の回り品しか持っていない路上生活者までの、さまざまな調理現場である。食堂にしろ家庭にしろ、台所や厨房といった内側はあくまで客の側が主体的に見ようとしない限り見えてこない。知人を介してアポを取りスムーズにお邪魔できた台所もあったが、行き当たりばったりに頼み込んで無理やり入れてもらった台所や、村の掟によって決して部外者を入れさせない台所もあった。しかし、どんな状況でも一歩足を踏み入れてみると、そこには日々の食と向き合う姿があり、リアルな生活の息づかいがあった。一戸一戸の立場や地位、地域は異《こと》にしながらも、全体として共通するインド像が浮かび上がってきた。それをどこまで本書に収めることができたかは手に取っていただいた皆さんに委ねるが、レシピ本や名店ガイドには表れない、もう一つ奥のインドの食世界を感じとっていただけたら幸いである。

なお、巻末には台所用品の用語集を付し、それぞれの簡単な説明を加えた。本文中でも登場するものについては［ ］で対応する数字を示した。これらの製造現場も各章末のコラムで紹介している。

インドの台所

小林真樹

もくじ

南インド　89

東インド 165

西インド 225

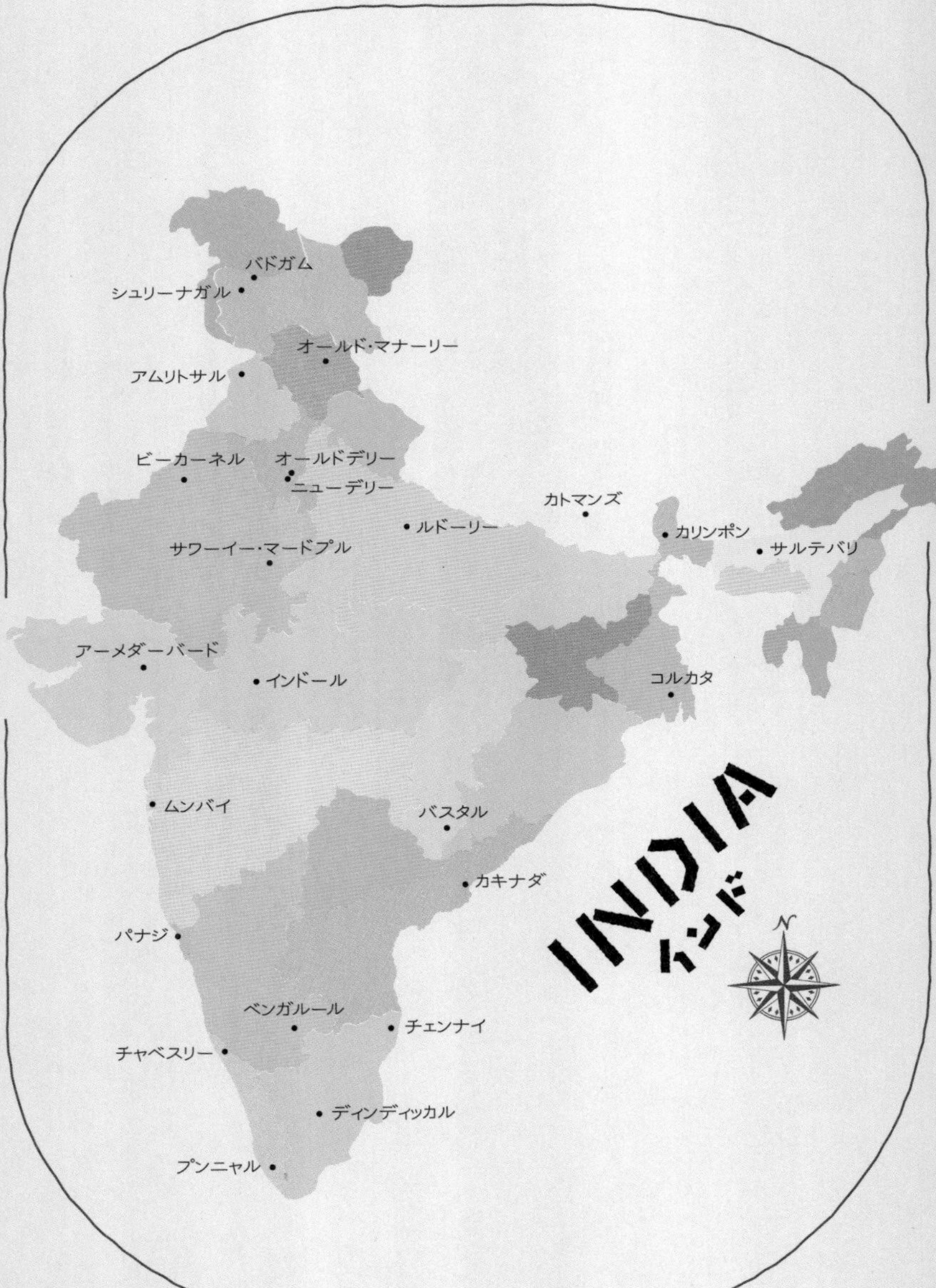
バドガム
シュリーナガル
オールド・マナーリー
アムリトサル
ビーカーネル
オールドデリー
ニューデリー
カトマンズ
ルドーリー
カリンポン
サルテバリ
サワーイー・マードプル
アーメダーバード
インドール
コルカタ
ムンバイ
バスタル
カキナダ
INDIA
インド
N
パナジ
ベンガルール
チェンナイ
チャベスリー
ディンディッカル
プンニャル

北インド

NORTHERN INDIA

カシミールの宴席料理ワーズワーンの世界

SRINAGAR　シュリーナガル ❶

カシミールでは、婚礼やアーシュラー、アルバイン、イードといった宗教儀礼などのハレの日にワーズワーンという宴席料理を食べて祝う。現在でこそワーズワーンセットなどと称して簡易的に提供しているレストランを都市部で見かけるが、もともとは特別な場でしか食べられない料理である。ワーズワーンはワーザと呼ばれる調理人によって作られる。ワーザはもちろんムスリムだが、所有する調理器具の多さもあって世襲が多く、親族が集まって一つの職人コミュニティを作っている場合が多い。ワーザたちにとって一年で最も忙しいのが婚礼シーズンの8月から11月。この期間はカシミールのどこかで連日結婚式が行われ、宴《うたげ》を催す側の間で評判のいいワーザは奪い合いになる。規模も巨大なものは数百人以上となり、味だけでなく、どれだけ大量の料理を作れるかがワーザの技の見せどころとなる。

実は、私はワーズワーンだけを食べに以前もこの地に来たことがある。しかし悲しいかな、訪問時期が雪のちらつく春3月で、オフシーズンの寒いシュリーナガルでは誰も結婚式などやっていなかった。それでもあきらめきれない私は、仕方なく最低20人前からというワーズワーンを一人で金を出して発注し、食べきれないので宿泊していたハウスボートの主人一家とシェアしながら食べたという切ない思い出がある。「今度こそ、結婚式で出る本物のワーズワーンを食べたい……」との思いを胸に、満を持して婚礼シーズンど真ん中の9月下旬に訪問したのである。

念には念を入れるに越したことはない。私はあらかじめ可能な限りの伝手《つて》（といっても大した人脈はないが）を辿って探ってみた。しかし身内が結婚式をやるという友人・知人は結局、誰一人見つからなかった。そんなわけで、本物のワーズワーンと出会える確証がないまま「現地に行けば何とかなるか」と、運を天にまかせてシュリーナガル行きのフライトに飛び乗ったのだった。

デリーからシュリーナガルまでは直行便で約1時間半。窓の下の幾重にも連なる山々に見とれているうちに飛行機は到着する。空港からホテルへと向かうタクシーの中で、早速運ちゃんに聞いてみた。

「どこか見学できるような結婚式知りませんかね？」

「さあ。心あたりがないですね」

う〜む、やはり今回もワーズワーンとの出会いは難しいのか……。

ホテルに着きチェックインの手続きをしていると、ふと隣の塀の向こうに簡易テントが見えた。

「あれは何ですか？」

指をさして受付のホテルスタッフに聞く。すると耳を疑うような返事が返ってきた。

「ああ、あれは結婚式ですよ。あっちがワーズワーンを作るための調理用のテントです。結婚式用のテントはその奥にあるはずです」

上：ゴーシュッパルと呼ばれる木槌で石板上の羊肉を長時間叩く
下：完成したワーズワーン

上:タラミに盛り付けられたワーズワーン
下:祝いの席では4人で一枚のタラミを囲む

事前にあれだけ探しても見つからなかったカシミール人の結婚式が、宿のすぐ隣で開催されるという僥倖。荷物を部屋のベッドにぶん投げるや一目散にワーザの作業するテントへ走った。そこには長年憧れていた、本物のワーザたちが伝統技法にのっとり、調理する姿があった。

さらに幸運なことに、テント設営直後だったようで、ほぼ最初の段取りから見学することができた。[27]まずワーザたちはテントの端の方に一列になり、肉や野菜のカットなどの仕込みを行う。肉はタクター（丸太のまな板）にのせられ、シラーク[24]（肉切り包丁）で裁断される。裁断された肉片は別のワーザによってやはりタクターにのせられ、ゴーシュッパル[16]（木槌）で石板の上で長時間叩かれる。やがて繊維がすべて断ち切られ、プルプルになった肉塊は団子状に丸められてグシュターバーやリシュターと呼ばれる一皿になる。

同時に別のワーザたちは、テント内の別の片隅で伐採した長い丸太を2本並行に並べ、さらにその上に井桁《いげた》に2本の太い枝を渡し、間隔をあけて大きなディーチャ（鍋）をのせてゆく。そして集めた木片をその下に入れて火をつける。井桁となった丸太と枝が五徳（スタンド）代わりとなってディーチャを支えているのである。ディーチャの中には油と刻まれた玉ねぎやトマト、ナミー・チョウター（石臼）で潰されたマサーラー（ミックス・スパイス）が入りいい香りを漂わせはじめる。頃合いを見計らって肉が投入され、マトン・コールマーやローガン・ジョシなどの代表的なカシミール料理が仕上がっていく。同時進行で同じ井桁の上でバゴーナー（鍋）に入ったカシミール米が茹でられる。しばらく茹でたのち、ざるで米をすくって湯は捨てられる。湯取り法である。

こうして大まかに料理ができたのが夕方近く。これが隣に設営された結婚式用のテントに運ばれて来客にふるまわれる。式の主催者に頼んだら快く参加を許された。通りすがりにすぎない見ず知らずの外国人に対して、このような度量の広い対応をしてくれるのは本当にありがたい。

夜になった。指定された午後7時に会場につくが案の定まだ誰も来ていない。だだっ広いテント内にぶら下がったシャンデリアが煌々と光り、敷かれた分厚い絨毯の赤色をむなしく照らしている。さらに1時間ほど経つとようやく三々五々人が集まり出した。

やがて着飾った新郎が登場して上座に座る。皆めいめいに新郎のもとへと集まり、お祝いの言葉などを伝えている。私もとりあえず初対面の新郎のもとへ行き、本日参加させていただくお礼を丁寧に述べた。それからしばらくすると、集まった男たち（テントは男性用と女性用の二張り建てられていて、同じテント内には男性しかいない）は適当に4人組となって相対するように座る。そこに給仕係がまず手洗い用の水の入ったポットと受け皿を持ってまわり、その後タラミ[32]（錫メッキをした大きな銅皿）が配られてゆく。いよいよ念願のワーズワーンがはじまるのだ。

ワーズワーンは4人で一枚のタラミを共有して食べるのが特徴。「同じ釜のメシ」という言葉があるが、まさにタラミの共有はそんなイメージである。この時一人だけ仲間外れにされてしまうと悲しいが、優しいカシミール人たちは決してそんなことはしない。

ちなみにタラミに限らずカシミールで用いられるケンス（ライス用の碗）やシントゥール（おかず用のどんぶり）といった銅食器類は基本的に錫メッキ加工されている。銅はそのまま使うと黒ずんだり腐食するためである。

配られた大きなタラミにはカシミール米の上にカバーブ、チキンフライ、ダニヤー・コールマーがのっていた。各自、自分の陣地を手でわしわし食べ進めていく。マトン・コールマーやローガン・ジョシのように細かい肉のおかずならいいのだが、グシュターバーやリシュターなどは大きな肉団子がドンと一つだけサーブされる。さて、これはどう4人で取り分ければいいのか。取り分け用のナイフなどもちろんない。と隣の老人が、やおら自らがさっきまでしゃぶっていたマトンの長細い骨をナイフ代わりに肉団子にさし込み、ややいびつに4等分してくれた。いびつでも4等分できるものならいいが、マトンのヤクニのようにひと切れ丸ごと配られ切り分けが難しい具材の場合は、皿を囲む隣同士で肉と肉を持ち合い、引きちぎるというやり方をする。こんな食べ方をするのだから、否が応でも親密にならざるを得ないわけだ。他人の唾液を不浄視するヒンドゥー教徒にはこの作法は難しいだろう。米も自分の陣地から食べて行くのでどうしてもX字状に残っていく。ある意味ＬｏＣ（印パ軍事境界ライン）のように、どちらが越境してくるかという駆け引きを、カシミール人たちは祝いの皿の上でも繰り広げているのだ。

結婚式は夜を徹して行われる。「ワーズワーンを食べる」というカシミール訪問最大の目的を果たせたという達成感と、極上のワーズワーンという二つの後味に包まれながら、まだまだ続く宴を私は後にした。

旧市街の奥の堅牢な館

SRINAGAR シュリーナガル❷

風光明媚なカシミール。はるか遠くに万年雪をかぶった高山をいただき、豊かな水をたたえた美しいダル湖には木造の宿泊船ハウスボートが浮かぶ。その合間を手漕ぎ船シカラが行きかう涼しげな光景は、一昔前までのインド映画のダンスシーンのロケ地として幾度となく登場し、長い間インドの庶民たちの憧憬の的となってきた。

その一方で、カシミールは独立以後、長い間係争の地でもあった。ことに2019年、中央政府は憲法第370条を廃止しカシミールの持っていた自治権を剝奪。前後して地域の混乱回避のため通信回線を数日にわたって遮断した。偶然この時期にカシミール行きを計画し、チケットまで持っていた私は泣く泣く断念せざるを得なかった。そうした経緯もあり、とび込みで台所訪問させてくれるような人が見つかるか不安だった私は、あるインド在住筋を通じて事前に地元のカシミール人を二人紹介してもらっていた。一人は郊外に住む富裕層。もう一人は古くからダル湖でハウスボートを経営されているビジネスマン。とりわけ後者の住居を兼ねたハウスボート内の台所は、地上に設《しつら》えられた一般的な台所との違いにさまざまな発見があり、めくるめく体験ではあった。

その帰途、満たされた気持ちでオートリキシャーに揺られていると、レンガと木を組み合わせて作った古い家屋がごちゃごちゃと密集する地区に入った。旧市街地区らしい。自然のきれいなカシミールにもこんな庶民的な一角があるとは。

「こういうお宅も訪問してみたいものだ……」

ふと漏らした私の言葉に運ちゃんが反応した。

「そうですか？　ウチはこの近くなんですが」

「……ほう」

運ちゃん改めファロークさんの言葉を仔細に分析すると「ウチはこの近くにあるので立ち寄っていきますか」という誘い文句であるという解釈が成り立つ。そしてその解釈が間違いではなかったのは「ではあなたの台所を見せてもらっていいですか」ともちかけたところあっさり快諾してくれたことで証明されたのである。

オートリキシャーを路地の入口あたりに停車し、ファロークさんはスタスタと早足で進んでいく。つづら折りの細い路地を右に左に曲がりながら、早足で私もついてゆく。しばらく歩くと奥のどん詰まりに古いお宅が忽然と現れた。先祖から受け継いだという築130年のご自宅は、地上3階建て、レンガと木材を組み合わせて作られた、失礼ながらオートリキシャーの運ちゃんのお宅とは思えないほど立派なものだった。

木造の扉を開けて中へ入る。通路も含めて玄関まで厚い絨毯が敷かれているのがカシミール式。歩きごこちのよい床の向こう、1階のカーテンの奥に目指す台所はある。ファロークさんがサッとカーテンを開くと、台所内では彼の母と奥さんがヌン・チャーエ（塩味のミルクティー）をガスコンロで沸かして待っていてくれた。「アッサラーム・アライクム」と挨拶して私は中へとお邪魔する。

女性陣が座っているのは絨毯敷きのスペースで、ここで野菜や肉などの下処理をする。一方、水場を含む調理場は、タイル張りの仕切りで囲われた内部に設えられている。例えるなら壁の低い風呂の浴槽の中に調理場自体が入っているようなものである。食材の洗浄や調理は、このタイル敷きの、畳二畳ぶんぐらいのスペース内でチュークと呼ばれる木の座椅子に座って行われる。仕切りで囲われているためいくら中で水をバチャバチャ使っても絨毯敷きの居間の方には流れ込まない。こんな構造の台所は他の地では見かけない。カシミール地方特有の形状だろう。

台所の壁には二段の棚が設けられ、その上には銅製、ステンレス製の食器類がとても几帳面に並んでいる。銅製の食器は劣化を防ぐためと光沢を出すために錫でメッキされている。だから棚一面が室内の薄暗い光を反射してシルバーに輝いているように見える。錫はメッキなので使っているうちに剥がれてくる。だから使用頻度に応じて時々カラーイー・ワーラー（メッキ屋）のところに持っていく。旧市街にあるカラーイー・ワーラーには常に数人の客が古い金属食器を持って順番待ちしている。つまりそれほど日常的に、カシミールでは食器がメッキ加工されるのである。

棚に並んだ食器のうち、少し大ぶりの脚付きのものをタールバーン[34]という。これにライスを入れ、碗状のトゥール[49]に入ったおかずと共に客人に差し出すのがこの地方のもてなし方だという。これらの食器が整然と並んだ棚は見とれるほどだった。オートリキシャーの車中で私の訪問を了承してくれたものの、そのことをファロークさんは特に自宅に携帯で伝えたりはしていなかった。つまり来客を前提

下町のつづら折りになった細い路地を
ファロークさんについていく

風光明媚なダル湖の湖上

上：整然と食器が陳列された台所に座るファロークさんのお母さん
下：ダスタルカーンを敷き、ヌン・チャーエを出してくれた

としない、不意の訪問だったにもかかわらずこの状態なのだ。

正直、私はもう少し雑然とした台所を見てみたかった。知人を介して紹介してもらうインド人の家の台所は常にきっちりと片づいていた。「台所を見させてください、写真も撮りますので」と伝えたうえで訪問しているから当然といえば当然なのだが、しかしそれではどこかよそ行きの光景であるように感じていた。私はもっと所帯じみた日常の光景が見たかったのだ。

「いつもこのようにきれいに陳列しているのですか?」

感心しながら私は聞いた。

「そうですよ。とはいえ家のことは母と妻がやるので私が干渉することはありませんがね」

ファロークさんがいうと後ろでお母さんたちが微笑みながらうなずいた。つまりこの家では来客の有無を問わず、これが常態なのだ。

ファロークさんの言葉の端々に家長としての威厳がにじみ出る。決して華やかではないが、それでも代々続く堅牢な家を維持し、品のある母と妻と共に暮らすのは充分に豊かな生活であるように感じた。

別の部屋には大きな食料貯蔵庫があった。冬場は降雪するカシミールでは食料の枯渇は死活問題である。今でこそ各家庭に冷蔵庫が行き渡っているが、それでも日干しして乾燥させた野菜は大切に貯蔵され、冬の間の貴重なビタミン供給源となる。

やがて熱々のヌン・チャーエとギルダ・ローティーののったトレイを抱えたファロークさんが客間にやって来た。カシミールに限らずインドでは客のホストは家の主人の役割で、女性たちはその補助に徹する。客とは男性客を前提としており、女性が客として他者の家を訪問するとは想定されていない。あくまで女性は家にいるものなのだ。片手に持ったダスタルカーン（敷き布）を広げ、少し硬くなったギルダ・ローティーをかじる。こうしたカシミール・ブレッドは毎朝カンドールワーンと呼ばれる製造販売所で買ってくる。カンドールワーンではさまざまなカシミール・ブレッドが作られるが、そのうちギルダ・ローティーやラワサは朝、ショーチョールーやクルチャーなどは昼に食べられる。毎朝このカンドールワーンに買い物に行くのも男の役割である。

ちなみにもっと大勢の客を招くときは、ヌン・チャーエはサマワール[19]と呼ばれる金属製のポットで出される。サマワールの中は空洞になっていて、そこに小さな石炭を入れることで熱せられチャーエが冷めない構造になっている。冬の長いカシミール人にとっての必需品の一つである。同じミルクを使っていても、ドゥードゥ・カワ（甘味をつけたミルクティー）はなぜかサマワールを使わない。なお、寒冷地のカシミールでは水牛が育たない。だからミルクはすべて牛乳である。

ヌン・チャーエを飲みながらふと思った。私のような、突然訪問した見ず知らずの外国人を客人として丁寧にもてなしてくれる文化はカシミール人に共通するものなのか、それともファロークさん個人の資質によるものなのか。いずれにしても、オートリキシャーの車中という想定外の出会いに端を発した思いがけないもてなしは、とても温かく居心地がよかった。

カシミールの農村探訪

BADGAM　バドガム

ジャンムー・カシミール州シュリーナガルの朝は一枚のカシミール・ブレッドではじまる。旧市街には煙突と大きな窯《かま》が目印のカンドールワーンがそれぞれの町内にあり、チョートやラワサといったカシミール・ブレッドを焼いている。人々は毎朝それぞれなじみのカンドールワーンに行き、持ち帰った温かいブレッドにカチカチのバターを塗って食べるのが一日の始まりとなる。

一方、夜はカシミール米と呼ばれる独特の小粒米が主食となる。つまりカシミールの人々は朝の小麦ではじまり夜の米で終えるという豊かな食文化を持っているのだ。そして私がカシミールを訪問した9月後半は、そんな小麦や米といった穀物類の収穫期とちょうど重なっていた。

観光地として有名なカシミール。カンドールワーンが点在する旧市街の散策も楽しい。しかし観光地化されていない、田舎のカシミールの風景とそこでの食生活も気になる。

「カシミールの農村の収穫風景なぞさぞや趣があるに違いない」

そう思うと、矢も楯もたまらず農村部に行きたい衝動がわき上がってきた。

とはいうものの、そもそもどこにその「カシミールらしい農村」があるのかアテも事前情報もまったくない。急遽地元の人たちに聞き込みすると「それならバドガムに行くといい」と異口同音に教えてくれた。そこがどんな場所かもわからぬまま、近くに停車していたオートリキシャーと料金交渉して往復してもらうことにした。

車やバス、あるいは軍用車両に次々に追い越されながら、ノロノロと走るリキシャーに揺られた。車窓の風景は住宅や商業施設、あるいは緑色のトタン屋根を持つ独特の木造マスジド（モスク）が密集する市街地から、次第に人家もまばらな郊外の風景へと変化していく。しかしいざバドガムに着いてみるとそこは交通量の多い、ありふれたインドの地方の街にすぎなかった。バドガムとは比較的大きめの行政区で、街の中心部はいつもの見慣れたインドの街と大差なかったのだ。これは求めていた光景と違う。そこでさらに周辺の人々に聞き込み、リキシャーの運ちゃんすら行ったことがないというもっと山奥へと向かってもらうことにした。

進むにつれて民家の数は減り、道はうねうねとこう配を増していく。周囲には収穫期を迎えた田畑の他、リンゴがたわわに実った畑などが見えてくる。そうそう、この光景が見たかったのだ。リキシャーに揺られながらシャッターを切る。やがてあまり頑丈そうではないリキシャーのエンジンが哀調を帯びた悲鳴を上げはじめた頃、のどかでこぢんまりとした集落に到着した。

リキシャーを降りて集落の小径に入り、わずかに開いた民家の鉄扉の隙間から覗いてみる。よく手が入れられた庭と、その軒先で白米を選別している老婆の姿が見えた。とその瞬間、ふと顔を上げた老婆と目が合った。恐る恐る会釈しながらアイコンタクトしてみると、老婆も笑顔でうなずいてくれた。ホッと胸をなでおろす。往々にしてこの手の小さな集落のムスリマ老婆は警戒心が強く、外国人の訪問を拒むことが少なくないのだ。

「さあどうぞ。中でチャーエでもいかがですか?」

庭先でお婆さんたちに質問などしていると、息子のラフィークさんが出てきて家の中に招き入れてくれた。彼らは代々この地に住むイスラム教徒の農家で、現在は米やリンゴを中心に生産しているという。訪問した9月下旬はデリーなどの平地ではまだまだ蒸し暑さが残るものの、ここカシミールの山村では朝晩肌寒く、フェーランと呼ばれるウールでできた防寒具に身を包む人たちの姿が見られた。

「差し支えなければ台所が見たいのですが……」

こちらの訪問意図をおずおずと伝えると、快くラフィークさんは案内してくれ、わかりやすいウルドゥー語で一つ一つ丁寧に調理器具名や、また実際にそれらがどう使われるかを奥さんやお母さんをモデルにして説明してくれた。カメラを向けると当初恥ずかしがっていた彼女らも、あれこれポーズの注文などつけているうちに次第にノッてきた。おそらく見ず知らずの外国人が突然自宅に入って来ることなど初めてなのだろう。当初、カシミールの農村部のイスラム教徒は保守的で排他的なのではという勝手なイメージを持っていたが、その先入観はいい方向に裏切られた。それどころか、こちらが恐縮するほど親切に対応してくれている。

ラフィークさん宅の台所は郊外の農家だけに、シュリーナガル旧市街で複数見た古くて狭い台所と違って面積が広かった。台所と居間との間には低い塀のような仕切りがある。同様の仕切りは市内の小さな家でも見られるが、元々この農家のような形状がオリジナルであり、市内のものは狭小住宅用にカスタマイズされたものなのだろうと推測した。つまり農家式がカシミールの台所設計の原型なのだ。またシュリーナガル市内の狭小住宅では塀で仕切られた内側がタイル張りになっている造りが多かった。つまり台所の作業場そのものが、底の浅い風呂の浴槽の中にあるような造りなのだ。したがってカシミールの台所とは水を使う調理作業場の床全体がタイルで覆われているかと思いきや、それもまた市内の小さな家だけがそうなのであり、原型と思われる農家の台所を見るとそれが例外的な造りであることもわかった。

　またラフィークさん宅の台所では、市内ではついぞ見かけなくなったかまどが現役で使われていた。仕切りで囲まれた作業場の奥に大きな煙突を擁するかまどがあり、実際今朝方もかまどにかけた素焼きのタワー[35]（板状の調理器具）で焼いたというタムルチョート（米粉のインド式のパン）と甘いドゥードゥ・カワをご馳走してくれた。

　そういえば、村の周囲にはシュリーナガル市内に無数にあるカンドールワーンが見当たらない。買ってきたカシミール・ブレッドを毎朝食べられるのは市内なればこそであり、カンドールワーンのない農村部では自宅で自家製のブレッドを焼いているのだ。手作りのタムルチョートはパサパサしていたが暖かいドゥードゥ・カワによく合った。ちなみに冬場のカシミールではヌン・チャーエと呼ばれる塩茶が好まれるが、9月下旬だったせいかラフィーク家ではドゥードゥ・カワを出してくれた。

　かまどがあるといっても調理用の熱源はそれだけではない。ボンベに接続されたガスコンロの他にケロシン（灯油の一種）コンロまでおいてある。こうした熱源を別にする複数の加熱装置の併用は、インド国内のいたるところで見られた。特に冬、深い雪に閉ざされる環境ならば、予備の熱源は多ければ多いに越したことはないのだろう。

上：収穫期を迎えたバドガムの村
下：わずかに開いた鉄扉からお宅をうかがう

米の選別をしていた老婆は
笑顔を向けてくれた

ラフィークさん宅の台所

他にマサーラーやチャトニーを作るための粉砕用石臼であるナミー・チョウターという伝統的調理器具を見せてもらう。後日改めて感じたことだが、料理の名称や食材こそ異なるものの、広くインド亜大陸の台所で共通する調理器具類が用いられ、調理法もほぼ共通している。それらがばく然とインド亜大陸食文化圏といったものをかたち作っている。

なにかときな臭い報道の多いカシミールだが、実際にそこに暮らしている人たちは日々農作業にいそしみながら、屈託のない笑みで部外者を快く受け入れてくれる度量の広い人々である。と、こんなことを書くと「表面的にそう見えるだけで、本当のカシミール人の苦悩を知らない」などと指弾されそうだが、親切なもてなしを受けた身としては事実を曲げて書くわけにはいかない。ただそんな彼らを取り巻く政治的な状況に、前にも増して関心を持つようにはなった。

秋のパンジャーブの農家メシ

AMRITSAR　アムリトサル

インドは広大だ。例をあげればキリがないが、山がちな日本ではお目にかかれない、遥か彼方に地平線を望むような平原などはとりわけ北インド的広大さを象徴する風景である。その広い平原の中でも、とりわけ広大さを感じさせるのがパンジャーブだ。

１９６０年代に「緑の革命」と呼ばれる農業技術改革に成功したパンジャーブは、インド随一の大穀倉地帯となった。秋ともなれば収穫を待つ黄金色の小麦畑が地平線まで続き、巨大なトラクターを操るスィク教徒の農夫たちが大きな道路を行きかうのが風物詩となっている。酪農業も盛んで、脂肪分の多い水牛乳のマッカン（発酵バター）やラッシーが日常的に食べられる。したたり落ちるほどたっぷりとマッカンを塗った香ばしい小麦のローティー（インド式のパン）はまさにパンジャーブを代表する味。水牛乳はスイーツの原料になることも多い。巨大なステンレス製のグラスになみなみと注がれた水牛ミルクの濃厚ラッシーや、同じく水牛ミルクを煮詰めて残った乳脂肪（コヤと呼ぶ）を原料にしたバルフィーなどの製菓業も盛んで、「パンジャービー・スイーツ」の名はインド全土に響き渡っている。

そんな食生活のおかげかスィク教徒たちは皆体格が良い。英領時代はその特権的肉体を買われて軍務や警備の仕事に就く人が多かった。やがて彼らパンジャーブ人たちは、肉や酒をたくさん飲む勇ましい人たちというステレオタイプをインド内外から押しつけられるようになったが、実はそれは大きな誤りで、統計的には南インドや東インドよりパンジャーブを含む北インドや西インドの方が圧倒的に菜食主義者が多いのだ。スィク教にもまた他のインドの宗教同様、菜食すべしという教義はあるのだが、とはいえ教義にさほど強制力はなく、現実路線をとる信徒が多勢を占めるため、時代経過と共に菜食以外の料理が取り入れられていった。あるいはパンジャーブ名物とされるタンドーリー・チキンと結びつけられてイメージが形成されたのかもしれない。

そう、本来のパンジャーブ料理は菜食が中心なのだ。それが最も体感できる代表的な場所は、グルドワーラーと呼ばれるスィク教寺院である。グルドワーラーはスィク教徒の海外進出にともない世界中につくられ、日本にも古くから印僑の住む神戸には1952年建立のグルドワーラーがある。人口の多い東京にもあるほか、実は茨城県内にも存在することはあまり知られていない。

その茨城県のグルドワーラーに出入りしているうちに、一人の敬虔なスィク教徒の青年と知り合った。その彼、マンディープ君の実家は大きな農家とのことで、農業王国パンジャーブの農家の日常をかねてより見たいと思っていた私は彼に台所訪問を願い出てみた。

「どうぞどうぞ。妹の旦那に空港まで迎えに行かせますよ」

若いのに貫禄のあるマンディープ君は、流ちょうな日本語でどこかの土建屋の社長のように鷹揚に受けあってくれた。

アムリトサルの空港到着日。遅れずに到着した国内便を降りると、ほどなくして妹さん夫婦だけでなくお母さんまで一緒に出迎えに来てくれた。妹さんとお母さんがややふくよかな体型なのに反して婿である旦那さんは線の細いタイプ。実家へと向かう道すがら、インド料理好きの私を慮《おもんばか》って高そうなパンジャーブレストランに連れて行ってくれたのだが、メニューを見ながら「これが美味しそう。あ、これもいいわね」などと天真爛漫に料理選びに没入する母娘の脇でチラチラと腕時計を見ていた姿が印象的だった。

ようやく自宅に到着。家は大きな国道から未舗装の道を少しばかり入ったところにある。夜なので暗くてよく見えなかったが、翌朝確認すると大型トラックでも入れそうな広い門がまえで、その脇にはかつて水牛小屋だったという物置がある。マンディープ君ら跡を継ぐ若い人が海外に働きに出てしまったため、田畑を第三者に貸しているものの、まだ大規模農家だった時代の名残りが大きな宅内のそこかしこに感じられた。

家ではマンディープ君のお祖母さんが出迎えてくれた。お祖父さんは高齢で横になっているが、お祖母さんは大柄で背筋がピンと伸びた、ゴツゴツした手を持つ骨太のいかにもパンジャーブ女性という感じ。チャーエを作ってくれるというので早速お祖母さんの後ろにくっついて台所見学させてもらう。外部に面した、家屋の一番端に設えられた台所内は整然としていてよく手入れされている。日用食器や食材は表には出さずなるべく戸棚の中に収納されているが、来客用の陶器のカップやソーサーなどは応接間のガラスの戸棚に入れられている。

大きな冷蔵庫があるので中を見させてもらうと、マッカンやダヒー（ヨーグルト）といった乳製品が目立つ。ただ、大きさに比して思いのほか入っている食材が少ない。

「野菜なんかは毎日売りに来るし、おかずだって作り置きしないから、あんまり入れとくものがないんだよ」

ガランとした冷蔵室を指しながらお祖母さんはいった。経済的余裕が出てきたので大きな冷蔵庫を持ってはみたが、しかし中に入れておく生鮮野菜なんかは保存する間もないほど日々潤沢に調達できる、という例はほかのパンジャーブの富裕な農家でも見られた。

その他、小麦や米、油といった常温保存できるものはプラスチックの容器に入れて流しの下に収納されている。立って作業をする西洋式のシステムキッチンで、コンロの熱源はガスだった。

いくら農家の台所といっても、今どき日々の調理を薪火で行う家は少ない。薪火調理は時間と手間と技術の負担が大きく、一般的な家庭ではもはや現実的な調理手段ではなくなっている。その一方で、多くのパンジャーブ人は今でも薪火で作った料理をありがたがる傾向が強い。短時間で調理できるガス料理よりも、薪火でじっくり作った料理（英語の「スロー・クッキング」という言葉をインド人は大変好む）の方が単に美味いというだけでなく健康に良いとまで主張する。とはいえその根拠のない声の主の大半は、調理にまったく携わらない男性である場合がほとんどなのだが。

パンジャーブ料理店でおなじみのタンドール窯はもちろんない。よく知られているようにタンドール窯はレストランか専用のナーン屋でのみ使われる業務用調理設備であり、家庭内に設置するようなものではない。日本の一般家庭でパンを自宅で焼かず、店に買いに行くのと同じである。ただし古い時代には、庭先に小さな壺状の窯を置いてローティーなどを作っていたという記録はある。またかつての農村集落では、土を捏ねて作ったタンドール窯やかまどが井戸などと同様、村人たちの間で共用されていたことが知られている。とりわけ夕食前に主婦たちが集まった共同台所は「サンジャー・チューラー（夕方のかまど）」と呼ばれ、そこで作られた、土の香りを漂わせたローティーやクルチャーは今もパンジャーブ人の食のアイデンティティとなっている。

日が暮れるとお祖母さんが晩ごはんを運んできてくれた。鉄製のタワー[35]で焼いた、ギーをたっぷり塗布したチャパーティーとダール（豆の汁物）、サブジー（野菜の炒め煮）。専業主婦歴の長いお祖母さんならではのシンプルだが滋味深いパンジャーブの農家の味。料理に使われる乳製品はもちろんすべて自家製だ。最近では電気ミキサーで作られることの多いマッカンも、このお宅ではマトカー[65]（素焼きの壺）に水牛ミルクを入れ、時間をかけてマタニー[64]（攪拌棒）で手回しする昔ながらの製法で作られている。

実はインド人一般の加工食品への不信は、度を越した欧米の自然食アクティビスト並みに強い。インド最大手の乳製品製造会社であるアムール社のギーですら「既製品は混ぜ物がされていて身体に悪い」と決めつけてしまう。しかし確かにこの手作りマッカンをたっぷり塗ったローティーを一度でも体感してしまうと納得せざるを得ない。身体に悪いかどうかはさておき、とにかく美味いのだ。

大穀倉地帯パンジャーブならではの農家メシをたらふく食べさせてもらいすぐにベッドに横になる。開けた窓から夜風が入って来て、天井にぶら下がるパンカー（扇風機）を「弱」にしないと肌寒い。かくしてパンジャーブの秋の夜長は静かに更けてゆく。

パンジャーブの大平原

冷蔵庫の中は意外にガランとしていた

上：台所を案内してくれたお祖母さん
下：ギーをたっぷり塗布したチャパーティーとダール、サブジーの夕食

OLD MANALI

オールド・マナーリー

隠されたキッチン

パンジャーブ州チャンディーガルから小さなプロペラ機でヒマーチャル・プラデーシュ州のクッルー・マナーリー空港へ。経済成長著しいインドは、いまや空前の空港建て替えラッシュで、どんな地方都市の小さな空港も瀟洒で近代的なデザインのものに変貌しつつある。しかし私がインドに通いだした90年代はあか抜けない空港がまだまだ多かった。割れた窓ガラスからハトやカラスが出入りし出発ロビー内を野良犬が闊歩する、控えめにいって家畜小屋にしか見えない空港が多々あったのだ。

クッルー・マナーリー空港はそんなオールド・ファンのノスタルジックな想いに応えてくれるような、当時のイメージそのままの形状だった。そんな古い造りの小さな空港を出ると目の前に一本の国道が通っている。目指すマナーリーまではこれまた昔懐かしいローカルバスを捕まえて北へ約一時間の道のりである。

州名ともなったヒマラヤ山脈西部に位置し、たなびく雲に覆われた高い山々に四方を囲まれたこの地域は9月だというのにもう寒い。デリーなどの平地がまだまだうだるような蒸し暑さに包まれているのに、である。やがて大粒の雨が降ってきた。古いTATA社製バスの窓の隙間からは容赦なく冷たい雨水が吹き込んできて、そうなるとつい先程までノスタルジーに浸っていたことなど忘れ、ボロい車体を呪詛しはじめるのだから人の心とは適当なものだ。

マナーリーに来た理由は、特にオールド・マナーリー集落に見られるような伝統的なヒマーチャルの建築様式で建てられた民家の台所を訪問するためだった。バスの終着点周辺は商業用に開発された、いわゆるニュー・マナーリーという開けたエリアで、利便性もよくホテルも多いのでインド人観光客などはその周辺に宿泊する。一方、オールド・マナーリー集落はそこから山奥に向かって急な山道を3〜4キロ登ったところに旧くからある集落で、バスも入って来られない不便な場所にある。こんなところに好んで宿泊するのはヒッピー風の外国人観光客ぐらいのものだ。私が宿泊するのは畑のあぜ道のような細道の先にある、農家を改築したゲストハウスである。

荷をほどき、雨の合間を見計らって早速オールド・マナーリー集落を散策。冬季には深い雪に覆われるこの一帯の民家の造りは頑丈そのものだ。石を積んだ基礎の上にこの地方特産である杉材の太い柱や梁《はり》を組んだ堅牢なもので、平屋根の多い平野部とは違い屋根は傾斜を付け薄い石板で葺かれている。一階部分は主に家畜小屋となっていて、乳牛が大切に飼われている。人の住居は木製の階段で昇った二階で、広く張り出したバルコニーが特徴的である。

朝方、集落ですれちがうのは伝統的な防寒着に身を包んだ年輩の女性が比較的多かった。カメラを向けると皆さん笑顔で応じてくれ、民家も外観までは好意的に見せてくれる。しかしいざ内部の台所を見せてほしいというと「部外者を入れるのは神様に怒られるから」と異口同音に断られる。独特のヒンドゥー教的宗教観に基づく禁忌《タブー》である。確かに食事とは体内に取り込む異物であり最も高い浄性

伝統的なヒマーチャルの家。
この台所が難攻不落

踵を返した老婆のあとを
息を切らせながらついていく

娘さんが撮ってくれた台所の様子。
想像以上に近代的な設備だった

準備してくれた温かい朝食。
シンプルだが、肌寒いマナーリーでは
何よりのごちそう

が求められる。その作業をする場としての台所もまた聖なる場とされるのはよくわかる。血を不浄視するヒンドゥーの家庭では、家族の一員であっても月経中の女性の台所への立ち入りを禁ずるほどだ。ましてやこちとらヒンドゥー教徒ですらない通りすがりの異邦人なのである。

さりとて「そんなの単なる迷信ですから」ともいえず、それでも持てる限りのヒンディー語力を使い、さらには不自然な作り笑いやお世辞などを駆使して交渉したものの玉砕。といっても彼女たちは決して完全に拒絶しているわけではなく、例えば飼っている牛をベタ褒めしたら自家製ラッシーを飲ませてくれたり、腹が減って困っているといえば何か食べ物を持ってこようか、などといってくれる程度には親切なのだが、それでも台所への潜入は頑《かたく》なにNGなのだ。要するに自分たちの意志で拒絶しているというより、せっかくの客人を自宅に招き入れてあげたいのは山々だが、宗教的戒律によってやむを得ず断っている、という感じなのだ。とはいえこちらはそれが主目的ではるばるこの地まで来たのだから、アテが外れてすっかりショゲてしまった……。

翌朝。宿泊先のオールド・マナーリー集落周辺住民に台所訪問を打診するも皆拒絶。もちろんそれは想定の範囲内。これをどう打開するかがこの日の課題である。

マヌ寺院周辺を歩いていたとある老婆に声をかけ、世間話から次第に食の話へと進めていく。

「いやぁ〜、やっぱり山は空気が美味しいですね。ところで朝食がまだなんですが、何か作っていただけませんかね？　近くのレストランがまだ開いてなくて」

「アンタの泊まってるホテルで出ないの？」

怪訝そうに聞く老婆。

「いやホテルのメシはやっぱり不味くてね、ハハハ。インドで一番美味しいのはあなたたちお母さんの作る家庭料理だというじゃないですか。ご心配なく、もちろん朝食代はお支払いしますから……」

と、持てる限りの爽やかな作り笑いで提案してみた。するとどうだろう。しばし熟考していた老婆は踵《きびす》を返すと階段状の岩道をスタスタスタと登っていく。無言の承諾と解釈した私も急ぎついていく。それにしてもオールド・マナーリーは山間部特有のアップダウンの激しい地形。日ごろ運動不足の私は老婆の後をついて行くのにすっかり息切れしてしまった。

自宅の外で出迎えてくれた娘さんに改めていきさつを説明し食事作りを依頼。ついでに宅内に入っていいかダメ元で聞いてみるも案の定ダメ。やはり誰に何度聞いてもダメなのだ。そこで昨夜から考えていた打開策をこう提案してみた。

「私が中に入るのがダメなら、あなたにカメラを渡すので中の台所の写真を撮ってきてもらえます？入るのは私ではなくカメラだけ。それならどうでしょう？」

しばし考えていた娘さんは快く承諾してくれた。そう、彼らは宗教的な理由で中に部外者を入れられないだけで、台所を部外者に見せることそのものはタブーではないのである。ならばとりあえずは写真画像だけでも内部の様子をうかがい知れたらいい。現地の人がどんなアングルで何を被写体にするかも興味がある。

大切な一眼レフを預けて待つこと小一時間、娘さんができ立ての料理と共にカメラを抱えて戻ってきた。見るとかなりたくさんの写真を撮っていて、しかも楽しんで撮影してくれていた様子。台所は非常に近代的で、外観とのイメージのギャップに驚かされる。西洋式の流し台と真新しい冷蔵庫、食器棚にはステンレス製やメラミン製のプレートが並んでいる。決して想像していたような〝土間にかまど〟といったプリミティブなものではない。むしろこれだけ見ると都市部の、それも中流層以上のインド人住宅となんら変わらない。

朝ごはんに作ってくれたのはビンディー・マサーラー、ダール、ライスとチャパーティーとチャーエ。野菜もギーももちろん自家製。遠慮なくたっぷり塗らせてもらった。農家で食べるできたての朝ごはんほど美味いものはない。

ヒマーチャルの山がちな土地は耕作には不向きとされ、実際にこちらのお宅でも換金作物のリンゴのほかは自家用の穀物と野菜をわずかに作っているにすぎないが、その割には立派な台所があったり、旦那さんが毎晩2杯飲んでいるというルクリーという米の自家製蒸留酒を飲ませてもらったりと決して「貧しい農家」というステレオタイプではなかった。むしろ逆だ。

ルクリーの味は度数の高い焼酎そのものだった。朝8時過ぎの焼酎は回りが早く、帰路の急な下り坂に不安を感じたものの、とりあえずは難攻不落だったヒマーチャルの台所の様子が間接的とはいえ見られたことへの達成感に満ち溢れ、酔いも手伝いいやがうえにも気分は高揚していた。

ニハーリー屋とナーン屋

インドの旧市街の朝は早い。とりわけ1日5回のナマーズ（礼拝）を行うムスリム集住エリアでは、暗いうちからファジュル（日の出）のナマーズ時刻を告げるアザーンが流れる。アザーンはマスジドに備え付けのスピーカーで拡声されるので、離れた場所に宿泊していれば旅情を感じられてしみじみもするが、うかつにもホテルの隣がマスジドだったりすると安眠を妨げられ寝不足になる。

とはいえそんなアザーンで早起きしたのなら、二度寝するよりエイッと起き出し街に出た方が楽しい。次第に明るくなってくる空のもと、隣のマスジドからナマーズを終えた男たちが出てくる。彼らが三々五々入っていくのがニハーリー・ワーラー（ニハーリー屋）だ。

ニハーリー・ワーラーは旧市街のムスリム地区にかたまっている。ムスリムたちについて行った先には、店舗こそ小さいがしばらく空席待ちしなければならないほどの人気店があったりする。腕時計を見るとまだ朝の6時前。こうした光景はデリーだけでなく、コルカタやハイデラーバードといった大都市のムスリム地区ではおなじみである。

ニハーリー・ワーラーの店内構造はインド全土でほぼ共通している。通行人によく見えるように、店頭に巨大なデーグ[47]（鍋）を出している。看板など見えなくともデーグが目印になるのだ。巨大なデーグを店頭に出すのはムスリム食堂のお約束で、店によってはビリヤーニーやコールマーが中に入っている場合もある。ただしニハーリー・ワーラーの場合、設置している土台に埋め込まれている点がビリヤーニーやコールマーとは違う。ビリヤーニーやコールマーの場合、底に石炭の入った簡易コンロ、あるいは単なる五徳の上に置かれるが、ニハーリー用のデーグはいわば巨大なかまどに埋めるようにして設えている。かまどの開口上部からデーグを入れ、盛り土をしてしっかりと固定。取り出しこそしないが、終業後はこの状態で水で洗浄もしているという。デーグは銅製で錫メッキされているが、繁盛店など回転の早い店では月に一度の頻度で、かまどの土中から取り出してカラーイー（メッキ）を施す。

店頭にデンと置かれて通行のさまたげになりそうなデーグから身をかわすようにして狭い店内に入り、殺風景なテーブルにつく。小さな店だとニハーリーしかないから、何もいわなくても勝手に料理が運ばれてくる。コクのある汁に浮かぶこってりとした肉は、生姜の千切りや刻んだ青唐辛子の薬味で脂っぽさを軽減できる。「朝から肉か」と面食らう旅行者も少なくないが、デリーの旧市街の道ばたで、屠殺された肉が露店に並ぶのは朝の時間帯。冷蔵庫のない時代、一日のうちで最も涼しい朝の時間帯こそ肉を買ったり調理したりするのに最適だったのではないだろうか。肉類はムッディーという丸太を輪切りにしたまな板上で、チャーパル（ナタ）や、チュリー（小刀）で細かく裁断される。野菜や魚などを切る場合、インドでは通常まな板は用いないが、肉を切る場合はどっしりとしたまな板が用いられる。

もともとペルシア語で「前夜から何も食べてない状態」を意味するように、ニハーリーは本来、朝方に食べられるものだった。夜明けの礼拝後の食べものとして前夜のうちから仕込まれ、じっくりと調理された煮込み料理。それが転じて「水牛（ビーフ）や山羊（マトン）を煮込んだ肉料理」といった意味合いとなり、広くインド亜大陸圏でもちいられる料理名となった。やがて朝だけでなく夕方から夜にも提供する店が増え、提供メニューもボーティー（赤身）、マガズ（脳みそ）、ザバーン（舌）、ジャブラ（ほほ肉）、パーヤー（足）、ナッリー（骨髄）と多岐にわたるようになった。一皿にボーティーとマガズを同時のせするハーフ&ハーフや、仕上げにアムール社のバターを溶かしてぶっかけるなどのインド化・大衆化の跡が見てとれる。

ニハーリーはパキスタンのカラーチーやラーホールでも人気の朝食で、これらの街の方がより伝統的な食べ方が残っている。よく知られている通り、パキスタンとインドは共にイギリスから分離独立した、元は一つの国だが、分離の過程でそれまでインド側の都市部に住んでいた多くのムスリムが移住した。だからインドに古くからあったイスラム文化は実はインドよりもパキスタンに濃厚に、さらに政治的対立のせいでインドとの往来が困難なため、より純粋培養される形で残っているといわれる。

そんなニハーリーはナーンと共に食べられる。店や地域によってはカミーリー・ローティー（カミーリーとは「発酵させた」の意）やダール・プーリー（潰した煮豆を詰めて揚げたローティー）などと共に食べられることもあるが、形状や味の差はあれ、基本的にナーンとセットであることが多い。

店内には、ニハーリー用のデーグの隣にたいてい大きなタンドール[37]（窯）があり、ナーン・バーイーと呼ばれる職人によって一枚一枚ナーンが焼かれる。ニハーリー用のナーンは日本でもおなじみの三角形ではなく円い形をしている。またそれが作られるタンドールの形状や素材も一般的なものとは異なる。日本を含む一般的なインド料理店で出されるナーンを作るタンドールはタンドールそのものが独立しており、職人は立って作業をする。内部は素焼きで熱源は炭。ステンレス製の外箱によって断熱されている。一方、ニハーリー・ワーラーにあるタンドールは基本的にデーグ同様、土製かまどに埋め込むようにして設置されており、かつ素材は鉄製、熱源はガスである。職人は、開口部を覗き込むようにあぐらをかいて座って作業する。鉄製タンドールは素焼きのタンドールに比べて内部容量も広く、また焼くナーンの形状も小ぶりであるため一度に何枚も焼ける。一方、素焼きのタンドールはナーンのサイズにもよるが、せいぜい平均して3〜4枚ぐらいしか焼けないだろう。使用する道具は共に同じで、窯内へのナーンの貼りつけにはガッディー[5]という小さな座布団のような道具を使い、はがす際には鉄棒の先端がヘラのような扇状になったクルピー[14]と、先端がレの字状になったサリヤー[20]を両手に持ってナーンを引っかけ取り出す。この二本の鉄棒をあわせてジョーリーともいう。

ムスリム地区にはこのナーンを売る商売がある。例えば日本でパンを買いたい人がパン屋に行くように、ムスリム地区では人々はナーンを買いにナーン屋に行く。自分で焼くには専用の窯が必要となりナンセンスなのだ。職人だけでなく、ナーン屋自体もまたナーン・バーイーあるいはナーン・ワーラーと呼ぶ。ニハーリー・ワーラーと違ってこちらはイートインはなく持ち帰り専用。デリーのムスリム地区ではナーンのほかに、例えば次のような複数の種類を作っている。

①**クルチャー**……やや小ぶりの形状をしたローティー。鉄板で作るものもある。ナーン屋の主力商品。同じクルチャーでも、形状は地域差が大きい。

②**バカールカンニー**……ソフトなテクスチャーのローティー。地域により甘い味つけをする場合があるが、デリーでは肉料理と共にいただく。

③**ラッチャー・パラーター**……ラッチャーとは「束」を意味する。縄状に長く延ばした生地をうずき状に束ね、潰して平たくしてタンドールで焼いたもの。

④**シールマール**……デリーでは甘い味付けをしたローティーとして作られる（ラクナウでは甘くなく、肉料理と共に食べられる）。表面にドライフルーツやナッツ類をトッピングしたものもある。

デリー旧市街の平均的なナーン・バーイーの営業時間は朝9時ごろから夜22時ぐらいまで。1日平均4ガッターのマイダー（精白小麦粉）を使う。ガッターとはインド固有の重量単位で、1ガッターは約50kg。つまり200kgのマイダーが使われている。長時間の重労働であるためか、若いナーン職人はビハール州出身者が多い。

そのほか、ハイデラーバードに行くと四角い形状のチャールコーニー・ナーン、カシミールに行くとギルダ・ローティーなど（詳しくはカシミールの節を参照）、インド各地のムスリム地区にはバラエティー豊富なナーンやローティーが存在する。インド各地のムスリム地区で、その土地それぞれのナーンやローティーを買い求め、街かどの建物の出っぱりに腰かけて、まだ熱々のうちに紙袋から取り出してかじりつくのは何よりも美味い。

オールドデリーの象徴、ジャーマー・マスジド

ニハーリー・ワーラーの店頭。
巨大なデーグが目印

上：人気店は常にごった返している
下：ナーン・バーイーの作業場。一日に200kgのマイダーが使われる

インドの中のチベット系住民宅

首都だけあってデリーにはインド全土から実に様々な人たちが集まってくる。一昔前なら一旗揚げようとする商売人の卵、今なら名門校への進学や郊外に広がるIT企業に勤務するエリートたち。しかし大都会デリーを目指すのはそんな青雲の志を胸に秘めた夢追い人だけではない。紛争や迫害から逃れ、やむを得ずやって来た人たちも少なくないのだ。

そもそもデリーの歴史は難民の歴史でもある。第2次大戦後、イギリスから悲願の独立を遂げたものの、それはパキスタンという新しい国家の分裂を伴う痛々しいものだった。この時、今のパキスタン側に居住していた多数のパンジャーブ人らが難民となってデリーへと押し寄せた。さらに時代が下った1971年のバングラデシュ独立戦争時、ベンガルの東側に住んでいた多くのベンガル人たちが難民化しデリーへと逃れた。それ以降も国境線を巡って中国やパキスタンとインドは戦火を交えている。その都度、戦場近くに住んでいた人たちは難民化を余儀なくされた。今回の台所探訪のターゲットとなるチベット系の人々もまた、こうした紛争の犠牲者である。

デリー北部にマジュヌーン・カ・ティーラーと呼ばれるチベット系住民居住区がある。今でこそ洒落たファッションに身を包んだチベット系の若い男女が通りを闊歩し、その傍らを神秘的な宗教文化に憧れた外国人長期旅行者が伝統的なチベットの僧衣に身を包んでしずしずと歩く。またデリー大学が近いこともあり、インド人の若者たちが身近な異空間として食事やショッピングを楽しむ姿も見え、にぎにぎしい一大商圏となっているが、その成立の過程には苦難と悲劇の歴史がある。

第2次世界大戦後、中国共産党は武力によるチベット併合を強行。チベット人による抵抗運動が広がるも、人民解放軍による弾圧は苛烈を極め多くの血が流れた。身の危険を感じたダライ・ラマ14世は1959年にインドへと亡命。それを契機とした中印の政治対立は1962年に国境紛争の勃発にまで発展。西はラダック・カシミール、東はシッキムから現在のアルナーチャル・プラデーシュにかけてという広範囲で軍事衝突が見られ、本国からダライ・ラマに付き従ったチベット人だけでなく、ラダックや北東諸州からあらゆるチベット系諸民族がインド内地へと避難した。このうちダライ・ラマがチベット亡命政府を置いたヒマーチャル・プラデーシュ州ダラムサラ（ダルムシャーラー）には本国からのチベット人が多く移り住み、ラダックや北東諸州からは多くが首都デリーを目指した。この時にインド政府が彼らに与えた居住区が、現在のマジュヌーン・カ・ティーラーなのである。

「誰かこころよく台所訪問させてくれるような人はいるだろうか……」

居住者の増加にともない高層化した建物の足元を這う、まるで迷路のように複雑に入り組んだ小径を、濃い赤色の袈裟を着たチベット僧とすれ違いながらゆっくりと見定めるように私は歩いた。やがて歩き疲れた私は、商圏の中心部にある巨大マニ車《ぐるま》（真言が刻まれた円柱。回すとご利益がある）の脇に、年季

巨大マニ車の隣にある、
ジャウヤンさんの茶店

雑然としたジャウヤンさんの居室

台所もまた雑然としていた

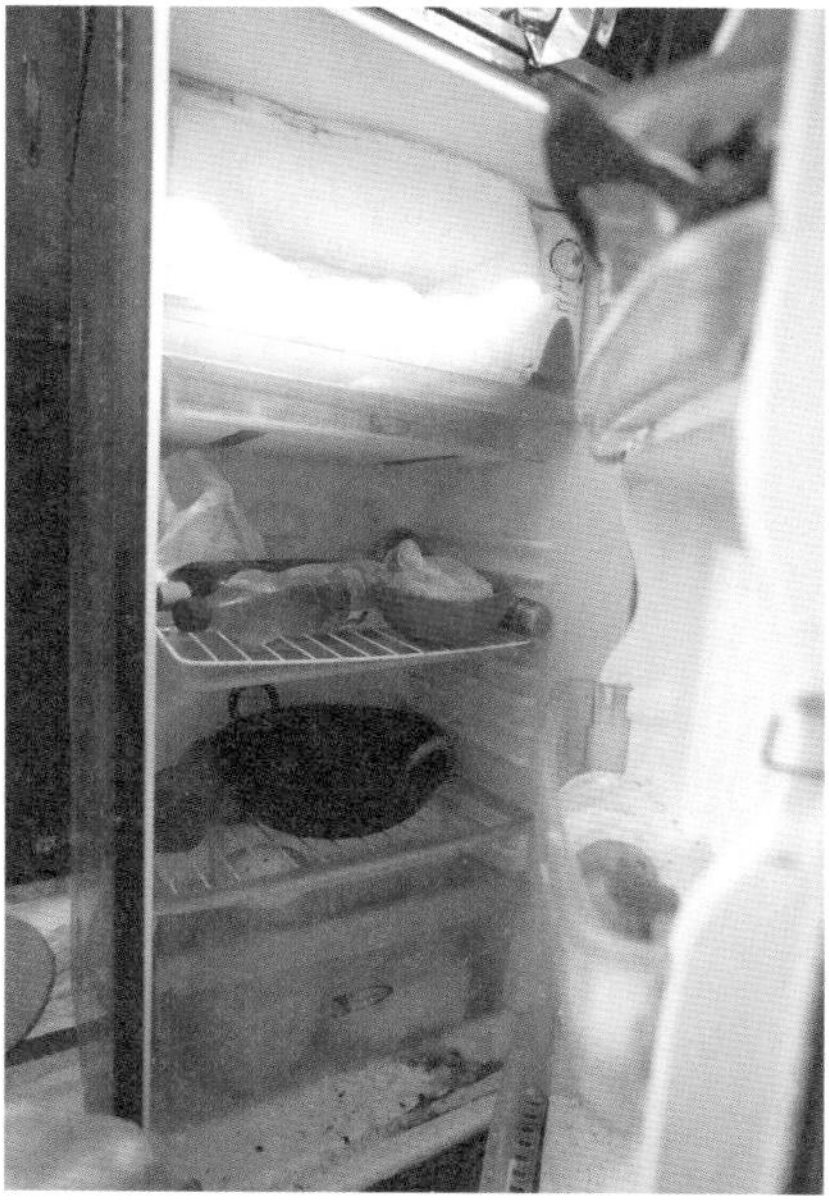

ジャウヤンさんの冷蔵庫。冷凍室は霜だらけ

の入ったバター茶屋を見つけて休憩。グルグルチャ（バター茶）は甘いチャーエを飲みなれた舌には最初こそ違和感があるが、飲みなれてくると塩とミルクの効いたスープのような味わいがやみつきになるチベット文化圏の嗜好品。陶器の茶碗に注がれた熱々のバター茶を啜《すす》りながら、女性店主のジャウヤンさんと一言二言やり取りするうちに、冗談好きでフランクな人柄がすぐにわかってきた。

「これは押せばいけるかもしれない……」

手ごたえを感じた私は、事情を話して台所訪問を打診した。

「実は、インドのいろんなご家庭の台所を見せてもらってまして。あなたたちのようなチベット系の方々の調理場もぜひとも見たいんです」

ジャウヤンさんは当初笑ってやんわり拒絶していたものの、たまたま店内で隣り合わせになった、ラダックから遊びに来ていた親戚のンガワンさん一家が面白がって加勢してくれた。

「せっかくだから入れてあげれば？」

「ウチは散らかってるんだよ……。まあ、それでもいいというなら……」

こうして午後2時からの休憩時（この界隈では昼時に店を閉めて休憩する商店が多い）、ジャウヤンさんの案内で迷路のような薄暗い細道を進み、店から10分ほどのご自宅へと向かうことになった。

ジャウヤンさんは元々ラダック地方に住んでいたが、印パ紛争の戦火を逃れてデリーに来た。彼女のように同じチベット系とはいっても中印国境紛争から避難してきたチベット人ではなく、印パ国境紛争から避難してきたラダック人もまたマジュヌーン・カ・ティーラーには多く居住している。それだけではない。インドの北東側で中国と国境を接するアルナーチャル・プラデーシュ州から来た人や、ダージリン周辺のネパール系インド人らも集まってくる。商売もそれぞれの地域性を生かしたネパール料理店やシッキム料理店、アルナーチャル料理店など。いうなればここは、チベット系民族のるつぼのような場所なのだ。広大な大チベット文化圏からさまざまな人たちが集まるこのエリアは、興味を持つ人にはさぞや面白い場所に違いない。

自宅に着くも、片付けるので玄関先で2分待ってとジャウヤンさんにいわれる。いや、むしろ来客用に整理された部屋よりも、散らかっている部屋の方がよりあなたたちのリアルな日常がかいま見えて貴重なんですが、などといっても聞き入れてくれない。15分以上待たされ、「さあいいよ、お入り」といわれてようやく中に通してくれたが、今まで見てきたいろんなインド人宅に比べてまだかなり散らかっていた。インド人とチベット人とで散らかり具合への許容量が異なるのかもしれない。

店で飲んできたにもかかわらず、台所に立ったジャウヤンさんは、再びツァンパ（麦こがし）とバター茶という軽い昼食でもてなしてくれた。ラダックの寺院ではバター茶を攪拌する際、巨大な木製のドンモと呼ばれる攪拌器が用いられるが、こちらの家庭内では中国製らしきプラスチック製のドンモが使われていた。ラダックの人がどんな固有の食器・調理器具を使うのかが気になったが、移住して初期のころはインド人が使うもので代用していた。今ではマーケットで大半のチベット製、あるいは中国製調理器具が調達可能だという。

ジャウヤンさんは、店の軽食の仕込みも自宅で行っている。そのため小さな台所にもかかわらずガスコンロを2台も置いている。雑然とした台所は、商売用の仕込みの場でもあるのだ。

ジャウヤンさんは約40年前からここに居住しながら商売をしている。経営する店は界隈でも最古参の一つだろう。しかし現在の住居に住むようになったのはまだほんの10年ほど前からで、それまでは付近にある水道もない粗末なバラックに30年ぐらい住んでいたという。そんな苦労話を、あたかもちょっとした思い出話のようにのように平然と語っている。

紛争のたびに難民が流入するこの地区はその後も拡大を続けた。２０００年代に入るとその拡大に待ったをかけるべく、デリー政府は道路拡張とヤムナー河の美化計画を口実に付近一帯の建物の取り壊しを主張。その後の裁判で撤回されたが、住民たちの不安定な立場は改善されたわけではない。それでもマジュヌーン・カ・ティーラーには、戦火や動乱を逃れ、仏教のふるさとでもあるインドの地で、つかの間の平和を謳歌する屈託のない人々の笑顔がそこここで見られる。

インド産ファストフードの現在・過去・未来

NEW DELHI　ニューデリー❶

「経済発展著しい」といった常套句ではもはや語りつくせない感のある昨今のインド。その発展ぶりを最も象徴しているのが旺盛な消費活動、とりわけ飲食店だ。大箱の人気店は常時客であふれかえっている。日本のように一列で待つなどということをせず、入り口や通路にまで人で埋め尽くされているカオスぶりには圧倒的される。

この沸騰するインド・マネーを当て込んで、90年代以降世界中の飲食チェーンがこぞってインドに進出し、それにともないインド人の食生活も急激に変貌した。その姿は生半可なインド通がもつ「インド人はこんなもの食べませんよ」といった常識を軽々と超えていくものだった。中でもインドの外食産業史におけるエポックは間違いなくマクドナルドの進出で、牛肉１００％のハンバーガーが売りの、この世界的なファストフードチェーンがインドに上陸した時、果たして何人のインド通が今日の華々しい成功を予測し得ただろう。

１９９６年にマクドナルドは1号店をムンバイのバンドラにオープン。それから27年経った２０２３年現在、インド全土の総支店数は３００店以上。インド人客からはマックならぬ「マクディー」という愛称で親しまれる存在にまでなっている。もちろんこれは通過点にすぎない。人口あたりの店舗数では世界的にまだまだ少ないインド・マクドナルドは、今後の伸びしろが十二分にあると予測されている。

そのマクドナルドと双璧をなす大手ＫＦＣの進出もインドの外食産業史的なビッグ・イシューととらえて間違いない。ＫＦＣがインドに進出したのはマクドナルドに1年先行する１９９５年。しかしそれは前途多難な船出だった。バンガロール（現ベンガルール）に出した1号店が急進的な農村保護団体によって破壊・略奪されたのだ。その様子は内外の報道でも大きく取り上げられ、外資系外食産業のインド進出の難しさを強く印象づけた。その後も反ＫＦＣ運動はやまず「有害な量のグルタミン酸ナトリウムを使用している」など根拠のないネガティブキャンペーンが流され、ＫＦＣはやむなくインド市場から一旦撤退を余儀なくされている。満を持しての再上陸は１９９９年。以降順調な成長を続け、インド国内のＫＦＣ店舗数はマクドナルドを凌駕する７４９店。今やインド人の誰もが知る存在となっている。

そんな外資系ファストフード店の影響から、ユニークな国産バーガー（インド風に発音すると「バルガル」）ショップが相次いで誕生している。人気店は常に若い客で混んでいて、番号札を渡されて20分以上待たされることもザラ。一体どこがファストフードなのかとイラつくが、それでも客足は途切れることはない。

こうした各種バーガーを、当のインド人たちはどう捉えているのか。どんなメニューをどんな風に食べていて、実際どんな味なのか。若者の食の最先端を体感したくてニューデリーのコンノートプレイス周辺に複数あるバーガーショップを片っ端から食べ歩いてみた。

まずＫＦＣ。金曜夜の店内の混み具合は尋常じゃなく、番号札をもらってから呼び出されるまでかなり待たされた。注文したのはジンガル・バーガー199ルピー（約318円。1ルピー＝1・6円で計算）。ジンガル（Zingar）とはインドやパキスタンで販売されている、クリスピーでスパイシーなフライドチキンの商品名。単体でも食べるほか、バンズに挟んでバーガーとしても食べられる。特にパキスタンでは人気が高くバーガーの代名詞的存在となっていて、街なかの個人店でコピー商品が売られているほどだ。

「インドはチキンがウマいんだ。こういう味は外国産じゃ出ない」

隣で本物のジンガル・バーガーにかぶりついているガタイの大きなスィク青年がいう。聞くとカナダ在住とのこと。

「カナダで懐かしくなるのがこういうデーシー・チキンなんだ。スパイスやアーター（全粒粉）なんかはインド産が手に入っても、チキンだけはアメリカ産かブラジル産。味が全然違うのさ」

デーシーとは「国産の」といった意味で、インド人は宗教問わずこの言葉が大好きだ。野菜や肉、果てはチャーエの頭にまでつけているが、バーガーという外国料理にまでデーシーが求められている。

続いて同じ外資系のバーガーキング。混み具合ではＫＦＣを凌駕していて待ち時間も最長。注文したのは人気メニューのインディー・ティッカー・ホッパー（チキン）・ウィズ・チーズ299ルピー（約478円）。マヨネーズ系のソースがたっぷりと入った濃い味付けと、チーズも相まってこってりとした口当たりの中に、異物のようにクリスピーなチキンが入っている。

KFCはインドで最も支店数の多い
外資系飲食チェーンの一つ

混み合うバーガーキング店内

上：落ち着いた店内にはクラッシックな雰囲気が漂うニルーラース
下：新興国産ファストフードチェーンのバーガー・シン

インド人はクリスピーな食感を好む人たちでもある。クリスピーをヒンディー語で「カスター」といい、カチョーリーやサモーサーなどの食感をあらわす用語としてよく使われる。これら軽食のサクサク感は、油で揚げられて得られる浄性の高さというヒンドゥー教徒好みの価値観とも合致する。それをバーガーキング・インディア社側がどこまで意識しているのかわからないが、インド人の心と胃袋を確実に捉えていることは激戦区コンノートプレイスで最も集客している店内が何より雄弁に物語っている。

お次はニルーラースNirula'sを訪問。インド国産のファストフード店である。前身は独立前の1934年にニルーラー兄弟がコンノートプレイスに開業したホテル・インディア。独立以降も兄弟はコーヒーショップやハンガリー料理店、中華料理店などさまざまな業態のレストラン・ビジネスを展開。

1977年にオーナー兄弟の名を冠してオープンしたニルーラースは、コンノートプレイスで最初のファストフード店として脚光を浴びた。店内はファストフード店という業態からイメージされる「早くて安い」からは程遠い、上品な客たちでにぎわっている。進出した当初のマクドナルドも、インド人の嗜好をリサーチするためニルーラースのメニューを綿密に研究したという。後発組の外資系との競争の結果、売上が落ち込み経営権を投資会社に売却。ただし現在も店名やメニューは変わらずに継承されている。

この日注文したのはビッグボーイ・マトン・チーズ・バーガー268ルピー(約428円)。老舗らしさを感じるクラシカルな見た目。味も落ち着いていて、ハデさで売る昨今のファストフードとは一線を画す。食べていると店員から「ご一緒にアイスもいかがですか?」と聞かれた。多角的な飲食事業で名をはせたニルーラースは、古くからの地元民にとってアイスクリームを出す老舗としても知られているのだ。

さらに国産ファストフード店を深掘り。ワット・ア・バーガーWat-a-Burgerでジャングル・マトン・ボンブ・バーガー209ルピー(約334円)。ボロボロとくずが落ちてくるバンズと、中のパテの歯ごたえのなさが気になった。ただしこれはインド人の食嗜好の傾向でもあって、キーマでもカバーブでも粗挽きのものだけでなく、ラクナウのガローティー・カバーブに代表されるような、どれだけ歯ごたえをなくすかが上質の証となる調理法もある。またパンやケーキはグルテンが少ないのかボロボロとこぼれてしまうものが多い。意図的かどうかは別として、こうした点において「インドらしさ」が強く感じられなくもなかった。

同店は2016年にデリー近郊のノイダに1号店を出し、現在インド全土に65店舗と急速に拡大中。マッカニー・ソースやアチャール(漬け物)のフレイバーなど、既存の大手外資系にはないインドナイズされたバーガーの提供は、国産の後発ファストフード店がより土着的な嗜好を開拓しているように見える。そう、インドではもはやファストフードが欧米的なものへの憧れを象徴するものではなくなりつつあるのだ。

国産ファストフード店をさらにもう一店。バーガー・シンBurger Singhでアムリトサリー・ムルグ・マッカニー179ルピー（約286円）。ムルグ・マッカニーとは英語でいうところのバターチキン。こちらもよく挽いたチキンのパテにバターソースがかかっている。バターチキンとは必ずしもアムリトサル発祥の食べ物ではないのだが、このように地名を付与してその地域をイメージさせ、その食べ物に正統性をもたせる。昔からレストランなどではよくある手法なのだが、2014年オープンのこの国産ファストフード店でもそれを意図的に踏襲している。なんせ店名からしてバーガー・シンなのだ。シンとはスィク教徒の男性共通の姓で、ファストフード店特有の欧米色をより強く払拭し、国産色を鮮明にしているということである。

当初こそそのままのスタイルで導入されていた欧米の食文化が、やがてインドナイズされ、おそらく今後より土着的な「デーシー」ファストフード店が現れてくるのだろう。大げさにいえば、外来文化がインド化するダイナミックな瞬間を、私たちは今、目撃しているのである。

孔雀が舞いおりる大豪邸

NEW DELHI　ニューデリー❷

デリー首都圏の郊外、ノイダやグルガーオン（現グルグラーム）といった街に行くと、まるでＳＦ映画のセットのような威容に圧倒される。さまざまな形状をした高層ビルが林立し、高架橋には複数のメトロと幅広い車線の高速道路が縦横無尽に走っている。まるで近未来のサイバー都市といった光景だ。

一方、デリー中心部から少し北上した一帯には、それとは真逆の光景がひろがる。オールドデリーと呼ばれる旧市街には巨大な荷車をひく小山のような牛や、汗だらけのルンギー（腰布）姿で大八車を押すクーリー（荷役に従事する肉体労働者）たち、路上にゴザを敷き怪しげな商品を売る香具師《やし》たちが犇《ひし》めき、怒声や洪水のようなクラクションが鳴り響く。もう歩くだけでぐったりと消耗してしまう、アナーキーでカオスな世界がひろがっているのだ。

片や中世の雰囲気を色濃く残し、片や近未来都市を思わせる、とても同時代に並存しているとは思えない両極端な街並みが、同じデリーという都市圏内に内包されている不思議。だからこそ面白いのだが、往々にしてある世代より上、とりわけ70年代から90年代にかけて貧乏旅行をしていたような人たちは両極端なインドのうち前者だけしか見ていないため、あたかもそれがインドのすべてであるかのように誤認し、紹介してしまうケースが少なくない。しかしこれから登場するのは、そうした少なからぬ人たちが持つステレオタイプなインド観を覆すような、後者のインドなのである。

この日ナビゲートしてくれるのは、デリー在住のB子さん。長年デリーにお住まいで、在留邦人だけでなくインド人にも顔の広いB子さんに私は意図を伝え、どなたか台所を見せてくれそうなご友人をご紹介いただけないかと頼んでみた。すると、即座に調整してくれたB子さんから待ち合わせの場所と日時の指示がきた。

運転手つきの車で颯爽と現れたB子さんに挨拶し、同乗させてもらいながら、本日訪問する彼女の友人について簡単なレクチャーを受ける。彼女の友人はサヴィーナさんといい、デリー郊外のファームハウスにお住まいだという。ここで私はこの日の行き先をはじめて知ることとなった。

ファームハウスとはデリー南部から西部にかけてDDA（Delhi Development Authority：デリー開発庁）によって造成された、グリーンベルトと呼ばれる一帯周辺に建つ別荘地である。インド独立後の1957年に設立されたDDAは、デリーの都市計画を担《にな》う政府機関で、土地、住宅、商用地、道路や橋、公園などインフラ開発が主な役割である。このDDAの通達で1961年、デリー首都圏外枠にグリーンベルトという名称で農地が開発された。初期のころは小規模の農家が移り住むようになり、純粋に農業だけの地だったが、次第にデリー市内の政治家や軍人、財界人といった富裕層が別荘、週末用のセカンドハウスを建てるようになる。中にはとんでもない金持ちが建てた、日本の軽井沢なんかとは比較にならないほどの大豪邸がある、という噂は前から聞いてはいた。

車はやがて緑豊かな一帯へと入っていき、その中に、ポツリポツリと大きな邸宅が見えてきた。防犯上の理由か、高い外壁と植えられた高い木々、堅牢な門で護られ、中の邸宅は外からはほとんど見えないものが多い。普段と違う世界に近づくにつれて、次第に私は緊張してきた。

ほどなくして車は一軒の邸宅の前についた。運転手が門番に来意を告げると、閉ざされていた重厚な門が音もなく開いていく。驚くことに、入り口の門から邸宅までさらに数分、車に揺られなければならなかった。一体、どれほどの敷地面積なんだろう。ようやく邸宅に到着。迎えに出てきたサヴィーナさんがB子さんと挨拶代わりの抱擁を交わしている。アメリカのドラマで見たような光景だ。サヴィーナさんは頭にサングラスをかけ、白いシャツとパンツというオシャレないでたちで、絵に描いたようなセレブのオーラを放っていた。たどたどしい英語で私も挨拶すると、大きな扉の中へと案内してくれた。

なんと広い応接間だろうと見渡していたら、そこはまだ玄関だった。それにしてもこの巨大なシャンデリアはどうだろう。応接間に通され、大きく長いソファにかけると、間髪を容れずに、アイロンのかかったシャツにスラックスというい出で立ちの使用人がトレイに載せたニンブー・パーニー（レモン水）を持ってきてくれた。しばらくの間、サヴィーナさんとB子さんは互いの近況などを報告しあっている。コロナ禍もあって久しぶりの再会のようだ。彼女たちの会話はもちろん流れるような英語である。圧倒されつつ耳をそばだてていると音楽が聞こえてきた。室内に設えた高そうなスピーカーからランダムに流れてきたBGMの中で、唯一わかったのはビートルズだけだった。

「そうそう、台所をご覧になりたいんでしたね」

そういうとサヴィーナさんは立ち上がり、隣室のキッチンへと案内してくれた。扉を開けて私は思

上：重厚な門をくぐって車にしばらく揺られ、ようやく本宅にたどり着く
下：テレビの料理番組の収録で使うようなシステマチックかつ巨大なキッチン

スタッフにパンジャーブ家庭料理の
指導をするサヴィーナさん

食材別に5台ある冷蔵庫の一つ。
ぎっしりと詰まっている

わず声を上げた。そこにあったのはテレビの料理番組の収録で使うようなシステマチックかつ巨大なキッチンだったからだ。まず目に入ったのは巨大な冷蔵庫。それも1台や2台ではない。入れる食材別になんと5台もある。壁の方は皿やカトラリーがぎっしり入った、天井まで届く巨大な食器棚。もう一方はシンクのついた調理作業スペースとなっていて、野菜の下処理のほか、洗い場として用いている。またその脇には大型のオーブンとレンジが鎮座している。自家製のパンやクッキーなどがここで焼かれるのだ。

食器棚とオーブンとに挟まれた中央にも、シンクやコンロなどが備わった調理台が設えられている。いわゆるアイランド型と呼ばれるタイプのキッチンだ。メインの料理は主にここで作っているとのこと。作業台下の収納にはフライパンや圧力鍋などよく使う調理器具のほか、スパイスや油といった日々使用する食材類が入っている。この高度に洗練された最新鋭の巨大なキッチンは、厨房か調理場と呼ぶ方がふさわしい。なんせそこら辺の食堂やレストランの厨房よりずっと広いのだ。

ここで働くのは3人のスタッフ。ビハール州出身という彼らに、パンジャーブ州出身のサヴィーナさんは丁寧にパンジャーブの家庭料理を伝授している。

「彼らはもちろんコンチネンタル（西洋式）の料理も作れますし、中華や日本料理だって可能です。ただ、大切な友人や親戚たちの集まりには、やはり自分たちの故郷の味でおもてなししたいと思っています」

よく知られているように、現在デリー南部の高級住宅街には多くのパンジャーブ人富裕層が暮らしている。ただ、彼らは最初から裕福だったわけではない。イギリスからの分離独立にともない、多くは現在のパキスタンから着の身着のままで引き揚げてきた人たちだ。幾多の艱難辛苦を乗り越えて現在の地位を築いたが、それでもサヴィーナさんほどの大邸宅に住まう成功者はほんの一握りである。

「ホームパーティーにはこちらもよく使うんですよ」

ガラス戸を開いて、サヴィーナさんは庭へと案内してくれた。そこには大人数がワイワイと囲めるBBQコンロのほか、タンドールまで設置してあった。

「インドでは一般の家庭ではタンドールがないからナーンを食べません。代わりにチャパーティーを食べます」

などという言説が昨今、日本でもよく知られるようになった。しかしタンドールを備え付け、好きな時に好きなだけナーンを食べられる例外的な家庭もまたインドには存在するのである。

まるで公園のような庭には、熱帯や温帯に生い茂っている珍しい木々から、インドのセレブの間でブームになっている「Bonsai（盆栽）」にいたるまで、無数の植物が整然と植えられていた。時おり野生の孔雀が舞い込むという芝生を歩きながら、普段の旅では出会えない、まるで真夏の白昼夢を見ているかのような異空間に、ただただ私は圧倒され続けていた。

ムグライー料理人たちの連鎖

RUDAULI ルドーリー

モハメド・フセインさんという日本で有名なインド人の調理人がいる。1968年にオールドデリーのムスリム食堂で勤務したのを皮切りに、70年代は「あの」ムグライー料理（ムガル帝国下で華開いた宮廷料理をイメージして再解釈された、インドの代表的な外食料理）の名店、カリームレストランKarim's Hotelがまだジャーマー・マスジド前の本店一軒しかなかったころ、タンドールの腕を買われて引き抜かれ、ニザームッディーン地区に出した支店第一号店の開設をタンドール長として支えた。さらにインドを代表するファイブスター・ホテル、ザ・タージ・インターコンチネンタル（現タージマハル・パレス）に引き抜かれ、あまたの海外でのフードショーを経験したのち来日。現在も東京の大森にあるマシャールで日々腕を振るっている。現役生活50有余年。第一線で活躍する多くの日本人のインド料理人に多大なる影響を与え続けている、「インド料理のレジェンド」と呼ぶにふさわしい華麗な経歴の持ち主なのだ。

ある日、フセインさんが「今度、ウチの村に行きますか?」と提案してくれた。レジェンドなのにこうした点、フセインさんは実に気さくな方なのだ。もちろん私は二つ返事で賛同。一体、これだけの凄腕レジェンドを輩出した村とはどのような環境なのだろう。村からはフセインさん同様、多くの調理人を輩出しているらしい。となると、ほかの地域にはない、料理に対する意識が高い村なのかもしれない。俄然興味が湧いてきた。

指定されたルドーリーという小さな集落まで、北インドのウッタル・プラデーシュ州の州都ラクナウからローカルバスで約2時間の行程。停留所周辺は商店が集まる小さな商圏がひろがる。フセインさんの出身地は、そこからさらに十数キロ離れた小さな農村にあった。迎えに来てくれた娘婿のバイクの後ろにまたがり、米や小麦、サトウキビが植えられたのどかな田園風景をしばらく走ると、いかにもインドの農家といったひなびたたたずまいのお宅が見えてくる。そこがフセインさんの生家だった。バイクの音を聞いて、家業の農家を継いだ弟さんが満面の笑顔で出迎えてくれた。

挨拶もそこそこに、早速台所を見せていただくことに。あの天下のレジェンド、フセインさんの生家の台所だ。さぞや立派で豪勢な厨房設備に違いない。ところがあにはからんや、ドアの向こうにあったのは、一般的なインド家庭よりもずっと簡素な台所だった。田舎の農家らしくお宅そのものこそかなり広めだが、台所はむしろ狭いといってよく、調理道具類も数えるほどしかなかった。カルチー[11]（お玉）やチャニー[44]（揚げ物すくい）などは壁の釘に直接かかり、ステンレスのターリー[33]（皿）類は棚に置かれるでもなく金属製のバスケットに入れて直接土間に置いていた。傍らにはアーターを捏《こ》ねるためのカトーター（捏ね鉢）が無造作に立てかけてあった。

台所を出たところには土製の小さなかまどが設えられていた。家の女たちは早朝から、この火力の安定しないかまどの火で一枚一枚チャパーティーを焼く。

「最近ではガスも使っているので調理のスピードは速くなりました」

などとことも無げに言うが、こうした家事仕事はすべて女性たちの仕事である。のちにこのチャパーティーを食べさせてもらったが、とてもこの簡素な設備で作ったものとは思えないほどの美味だった。

「これだけで煮炊きをしているのですか？」

それでも思わず私は声に出してしまった。これがあの豪華絢爛なムグライー料理を自在に生み出す、フセインさんの生家の台所なのか……。

その後近隣にある、調理人として出稼ぎしているほかの方のお宅などを案内してもらったが、どこもだいたい同様の台所設備だった。つまりこの手の台所設備がこの村ではスタンダードなのだ。質素な調理設備しかないこの環境で、インドで一番ゴージャスといわれる格式高いムグライー料理の調理人たちは育つ。しかし世界中から食通が訪れるカリームレストランやタージマハルホテルの厨房と、この簡素な台所とがどうしても結びつかない。食も音楽や舞踊などほかの芸術同様、幼少期から厳しい環境の中で一子相伝の奥義が伝授されていく、そんなばく然としたイメージが私にはあったのだ。

かつてムガル帝国時代の宮廷の厨房で働く調理人には親子代々という家系もあったようである。英領時代のイギリス人宅や現在の駐在員宅でも調理人が交代するとき、血縁者や地縁者が紹介されることが多いという。また今でも家業としての調理業がインドには存在する。例えば婚礼宴などの宴席料理をなりわいとするバーワルチーと呼ばれるケータリング業者にとって業務用の調理器具類は一つの財産であるため、技能と共に親から子へ相伝される。ほかにも、菓子屋や食堂などで、経営者として跡を継ぐケースはよく見られる。

一方、厨房で働いている調理人は、親や親族の口利きで厨房に入ってくる場合もあるだろうが、そこに技術的な連続性はない。親がその店のタンドール担当だったからといって子もその店でタンドールを担当するわけでは必ずしもない。つまりレストランという労働集約型の産業は世襲とは無縁であり、その店の味と調理人の出自は関係ない。たとえインドのラクナウ出身者だからといって、その調理人が最初からラクナウ料理を作れるわけではない。逆にいえば、ラクナウ出身者でなくとも経験さえ積めばラクナウ料理は作れるようになる。

さらにいえば、レストランの厨房で働いているのはすべて男性である。彼らのうち、家庭内での調理経験がある者はほぼ居ない。とりわけ保守的価値観の強い北インドでは、男性が料理のような女の真似事をしたら怒られる環境で育つ。つまりレストランで働く男性たちはすべからく、家庭内で包丁すら握ったことのない、調理経験ゼロの状態で店に入る。

ここで一つの根源的な疑問にぶつかる。「ムグライー料理とは何なのか?」いや、もっとつき詰めていうと「インド料理とは何なのか?」。以前カリームレストランを訪れた私は、従業員たちに出身地を聞いたことがある。大半の従業員は西ベンガル州の出身だった。それもムガル帝国文化圏とは無縁の、地方の農村出身者が多かった。

インドでもどこでも、特定の地域にはそれぞれユニークなご当地料理が存在する。南インドに行けば南インド料理があり、ベンガル地方に行けばベンガル料理がある。しかしこうしたその土地固有の料理は、代々そこで生活している生活者の台所で、つまり女の手によって生み出されるものである。男たちは単に食べ手としてその味に通暁しているだけだ。

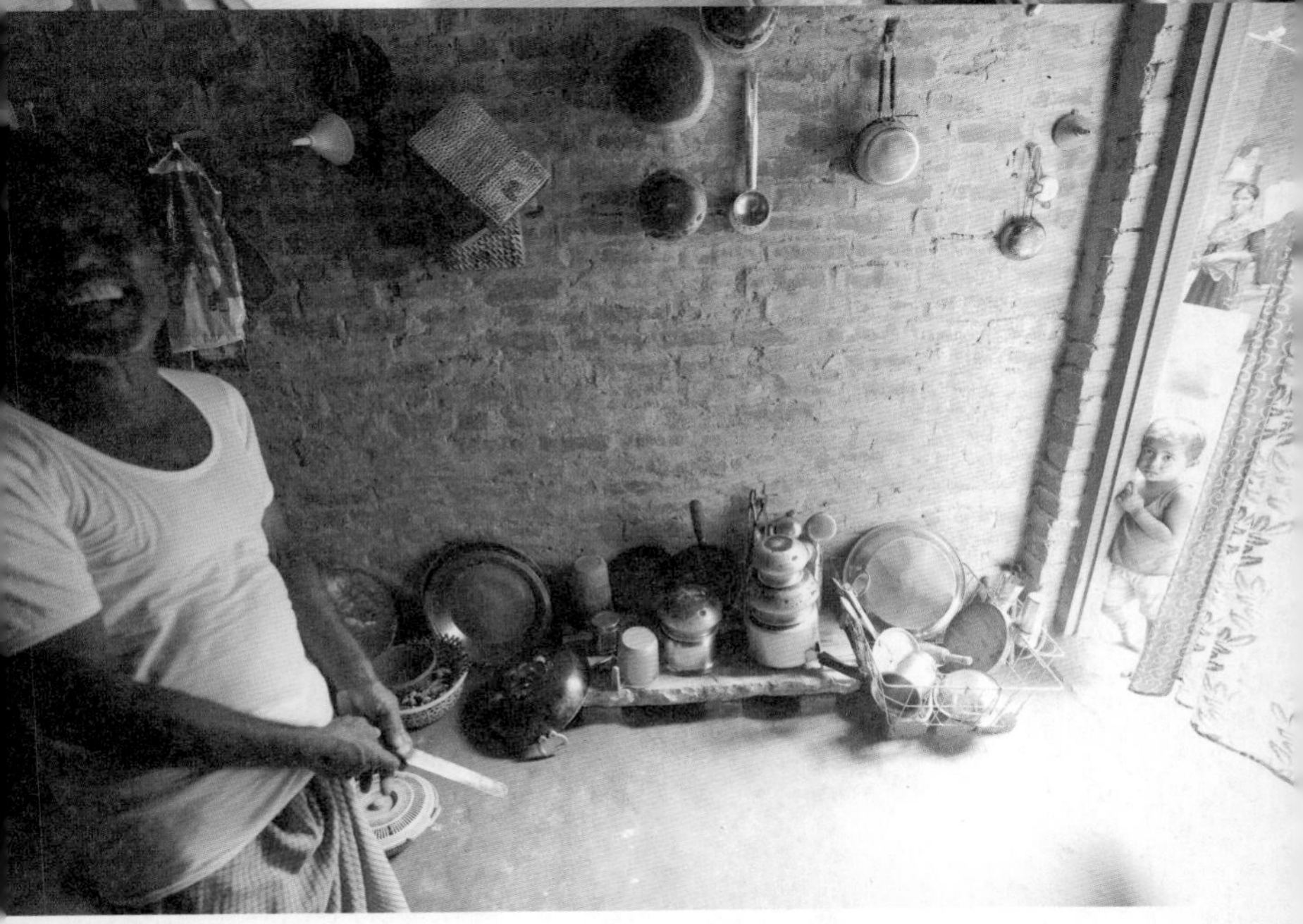

上：フセインさんがかつて勤務していたカリームレストランのニザームッディーン店厨房
下：フセインさんの生家の簡素な台所

上：ルドーリーからさらに十数キロ離れた小さな農村に、フセインさんの生家はある
下：このような村の出身者が、都市部の高級料理店の厨房を支えている

飲食店もまた商売であり、利潤追求が第一である。より安い人件費で、より集客できるメニューが求められる。厨房内の、とりわけ末端の調理人など一個のマシーンと化してひたすら処理作業をし続けるのが是とされ、そこにクリエイティビティは不要である。必要なのは安い給料で長時間の立ち仕事に耐えられるだけの頑丈な肉体だけ。ムグライー料理店では特にムガル帝国にゆかりのある人材など求められないし、インド料理の作り手だってその店のレシピがこなせれば国籍すら問われない。現にインド国内の厨房で働いているネパール人は多い。

インドの外食産業はこのようにして発展してきた。しかし高度に情報化された社会で、食べる側の意識も急速に変化している。ムグライー料理やインド料理といったものは、ばく然としたイメージに基づきレシピ化、メニュー化されたある種の創作料理ともいえるが、そうした店が掲げる「らしさ」を享受するだけでは飽き足らなくなった層が出現するようになった。つまりオーセンティックであるかどうかや、本物であるかどうかが問われはじめているのである。

その一方で、現在もムグライー料理店の厨房の働き手の多くは、周囲にレストランすらない農村出身の若者たちが大半だ。憧れて向かった大都会の華やかなレストランで待ち受けているのは、のどかな田舎の生活とはかけ離れた、戦場のように忙しい過酷な厨房。それでもフセインさんのような海外での華々しい成功譚が語り継がれる限り、農村は今後もムグライー料理人を輩出し続けるだろう。

Column

ムラーダーバード

ムスリム職人の作るヒンドゥー神具

インド食器の輸入販売をなりわいとする私が、主に買い付けの場にしているのが首都デリーの旧市街にある問屋街。牛車や人力の大八車が行きかい、ボヤボヤ歩いていると背後から「おい、どけよ！」と怒号を浴びせられる混沌世界で、インド的センスで圧縮陳列された商品群から売れそうな商品を探して物色するわけなのだが、しかしそこにあるのは既に完成され製品化された状態。問屋街にやってくる以前の状態がどうなのか、どんな人たちがどんなふうに作っているのか。モノ作りの現場を知ることは、インド食器にたずさわる一業者として重要な責務なのではないか。そんな奇妙な職業意識に追い立てられて、気がつくと私はデリーから東へ向かう列車の人となっていた。行き先は北インドの金属工芸や加工で有名なウッタル・プラデーシュ州西部の街、ムラーダーバードである。

ムラーダーバードはムガル帝国時代に開発された街で、建造物も街ゆく人もムスリムが多い。食いしん坊的観点からすると、ムラーダーバーディー・ビリヤーニーなどという名物料理もある。だが何といってもその名を全土に轟かせているのは大小さまざまな金属工芸品。街全体が一つの金属工場のような構造になっているのだ。

ムラーダーバードの伝統的な金属加工業者は主に「ダライヤー」と呼ばれる、金属原料を炉で溶解して鋳造しプレス成形・加工する業者と、それを研磨し木槌などで模様をつけたりデザイン加工をほどこす「タテーラー」の二つにわけられる。さらにその周りには、古い金属を買い取り・回収する業者、それを選別し販売する業者、鋼材を卸販売する業者、加工後の製品を販売する業者など多くの関連業者が集まっている。

まずダライヤーを訪ねてみたいと思った。しかし、ただ街を当てずっぽうに歩いてみてもそれらしき建物はみつからない。なんでも、溶解炉を抱える大きめのダライヤーは、炉から発生する排煙が原因で大半が郊外へと押しやられたらしい。北インドではここ十数年、大気汚染が深刻な環境問題となっているのだ。それでもなんとか街なかに残っている、規模の小さな一軒を探し当てた。案内されて中に入ると、レンガ造りのさほど大きくはない溶解炉が作業場の一角に鎮座している。ここに回収業者から仕入れた、細かく破砕された真鍮や青銅を入れて溶かし、再加工するという。こうしておおまかに作られた製品は集積され、続くタテーラーのもとへ持ち込まれる。

タテーラーは旧市街のマンディー・チョウク周辺に集まっている。近づくと確かに街中の至るところから〝トンテンカーン……〟という金属を叩く木槌の気持ちいい音と共に、おそらく昔とさほど変わっていないであろう光景が広がっている。ちなみにここで作られているのは槌目加工をほどこした価格の高い銅や真鍮の食器・調理器具が中心。実は代表的なインド食器として知られるステンレス製品類は郊外の大工場で大量生産されていて、旧市街で作られているのは工芸品のような値段の高い食器類が多い。そしてその食器類よりも多く作られているのが、ヒンドゥー教の儀礼に使う神具や法具である。さらに興味深いのは、これらヒンドゥー教の神具を製造している職人の大半がムスリムであること。そう、ムラーダーバードはムスリムの街なのだ。

昨今インドでは、ヒンドゥー・ナショナリズムに偏重した動きが目立っている。例えばヒンドゥー至上主義を掲げる与党は、統治者としてのイギリスの一つ前、ムガル帝国をも同様の外部からの侵略者とみなし、その時代につけられたイスラム風の地名をヒンドゥー風のものに改名する動きが加速している。現にいくつかの街の名はすでに変えられてしまった。昔からインド通いしてその地名に慣れ親しんだ私からすると違和感しかない。そしてそれは同時に国内のムスリムを排除する動きとも連動している。部外者から見ても心配になるぐらいインド政治は宗教による国民の分断を推し進めているのだ。

さらに昨今、街なかで見かけることが増えてきた、（ヒンドゥー教を象徴する）サフラン色の衣装を身にまとい、威勢よくシュプレヒコールを上げるヒンドゥー至上主義団体の示威行動。インドにおけるイスラム色の払拭、イスラム教徒の排除を声高に叫ぶ彼らの手には、シヴァ神の武具トリシューラ（三叉戟）やヒンドゥーの聖音「オーム」をかたどった真鍮製の神具が力強く握られている。

しかし、それらヒンドゥー教のシンボルを作ったのが他ならぬムスリム職人かもしれないという想像力が働けば、ヒートアップした彼らも少しはクールダウンするのではなかろうか。実際、ムラーダーバードの多くのムスリム職人がヒンドゥー神具を製造している。とあるムスリム職人は、カメラを向けると製造中の立派なヒンドゥー神具を自慢気にかかげてポーズをキメてくれた。それはヒンドゥーとムスリムが分断する前の、本来あるべきインドの姿であるように私には感じられた。

南インド

SOUTHERN INDIA

白米と雑穀のはざまで

CHENNAI　チェンナイ❶

「いつでも実家に来てください、美味しい家庭料理をご馳走しますから」

日本で懇意にしているタミル出身の調理人シャンカルさんはいつもそういってくれていた。半分ぐらい社交辞令だったのかもしれないが、たまたまタイミングよく彼の里帰りと私のインド滞在日程が重なった。これは訪ねない手はないと思った私は、遠慮なく甘えることにしたのだった。

チェンナイ市郊外にある最寄り駅で待ち合わせ、バイクの後ろに乗せてもらってご自宅（実家は地方にあるため彼のお兄さん宅）へ。私の目的が完全に家庭料理であることを見抜いたシャンカルさんは、途中で調理に必要な食材をサクサクと調達していく。普段料理をしない一般男性と違って、プロの調理人なのだからたやすい仕事なのだろう。食材だけでなくバナナの葉も数枚購入した。

「田舎の実家の庭にはバナナの木があるんだけど、チェンナイの家にはさすがに植えられないからね」

タミルでは都会でも来客などがある際はこのようにバナナの葉を買って皿にする。そのための小店（たいてい八百屋や果物屋が兼ねている）も至るところにある。ちなみにバナナの葉には「頭」があるとされる。タミル語では葉の先端部のことを「タラ・ワライ・イライ」と呼び、向かって左にくるよう配置するのが作法である。

バイクで帰宅すると早速調理に取りかかる。台所ではすでに兄嫁さんが下ごしらえに取りかかっていた。台所は西洋式のシステムキッチンで、シャンカルさん共々立って調理をしている。決して広くないが、調理器具や鍋類を壁や作業台下などに収納し、少しでも作業するスペースを広くしようとしている。これが集合住宅の多い大都会チェンナイの平均的な台所だろう。

やがて料理ができ上がると、うやうやしくバナナの葉が敷かれ、ポンニライスやポリヤル、クートゥ、サンバルといったおかずの類《たぐい》を一つひとつ丁寧にミールス形式でサーブしてくれた。料理上手だとシャンカルさんが太鼓判を押す兄嫁さんに、プロの調理人のシャンカルさんが加わったのだから美味しくないわけがない。主菜副菜あわせて数回おかわりをザーブしてもらううち、やがて腹は否応なく満ちてくる。それでも「まあまあ遠慮しないで……」といって強引に盛ろうとするのがインド流のおもてなし。それを「ポードゥン（もう充分）！」と手でさえぎりながら、最後に残しておいたライスをタイル（ヨーグルト）と少量の塩で混ぜて食べ終えると、満腹感でしばし放心状態となった。

――こうして腹いっぱいになるまで食べさせてくるライスだが、一体いつ頃から食べられているのだろう。「南インドのコメ文化」などと一口に語られるが、果たして昔からこんなに豊かなコメ文化を謳歌していたのだろうか――そんな疑問が、血の巡りの鈍くなった脳内にわきあがる。

「僕たちが子供の頃、今ほどたくさんライスは出回ってなかったですよ。むしろ白いご飯は貴重で、せいぜい一年に一度か二度食べられるかどうかでした。米といえば色のついたサンバライスやマスーリーライスを食べていましたね。同じように、白い米を使ったイドゥリーやドーサなんかもぜいたく品でした」

テキパキと後片付けをしながら、昔を思い出してシャンカルさんはいう。

「白い米のご飯じゃなかったら、一体何を主食にしていたのですか？」

「ミレット（雑穀）が多かったです。例えば朝や昼はクールやカンジという発酵した粥を食べていましたが、主にラギ（シコクビエ）やカンブ（トウジンビエ）などを使っていましたね」

雑穀の発酵粥におかずはモール・ミラガイ（ヨーグルトに漬けて干した赤唐辛子）をかじるだけ、といった食事が日常的だったという。夜はこうした雑穀を粒のまま炊いたものをワッタル（干し野菜）やカルワル（干し魚）で食べていた。食べ残した雑穀は水を入れて保存する。翌朝には程よく微発酵が進み、酸味がついて美味しくなっていたという。冷蔵庫などない時代の知恵であり、「南インドのコメ文化」などといわれるが、雑穀こそタミル人のソウルフードといえそうだ。

「もちろん当時から白いご飯を食べていた人たちもいます。それはブラーミン（バラモン）やお金持ち、でなければ稲作農家などです。彼ら以外の多くの人たちにとって、白いご飯は日常的に口に入るものではなかったのです」

今やどんな食堂でも昼時ともなれば「Meals Ready」の看板を掲げ、「ポードゥン！」というまで注ぎ足してくれる白いご飯。これがほんの数十年前までは貴重で、それ自体がごちそうだったのだ。そしてこのタミルの白いご飯の歴史をたどると、ある興味深い事実が浮かび上がってくる。

現在、タミルで多く食べられている白いご飯はポンニライスである。このポンニライスはタミル・ナードゥ農業大学の研究グループによって１９８６年に開発され、一般に普及したのは90年代に入って以降だという。つまり、ポンニライスは比較的最近のものなのだ。さらに面白いことに、このポンニライスをさかのぼると日本米に行きつく。

ポンニライスは台中65（Taichung65）とMyang Ebos 6080/2という品種の交配種である。この台中65は戦前、日本の統治下だった台湾で、対日輸出用に熱帯気候の台湾でも育つジャポニカ米として品種改良されたものだった。それまでインディカ米のみを育成していた台湾も、現在ではジャポニカ米が主流になっている。

やがて戦後、熱帯気候に強いこの台中65が、独立直後で食糧事情の悪かったインドや東南アジアにもたらされ、現地種とさらなる交配・品種改良がほどこされた結果、現在南インドで広く食べられている短粒米となった。

雑穀食が中心だったタミルで、白いご飯を中心とした食へという変化が起きたのは、長いインドの歴史からするとつい最近のことだ。さらに変化は続く。従来（といってもこの30〜40年ほど）タミルではパーボイルドした米が主流だったのが、昨今では生米が好まれつつあるというのだ。パーボイルドとは米の収穫後、殻つきのまま水に浸して吸水させ、蒸した（ボイル）のちに乾燥させ籾摺《もみす》りする昔ながらの製法。こうすることで米から出たデンプン質やビタミンなどが殻の中で米をコーティングして、栄養分の高い米になるだけでなく、長期保管していても割れにくく害虫も付きにくい。糖質の吸収が穏やかで腹持ちも良いとされる。インド以外にもアメリカや東南アジアでも広く見られる製法である。一方の生米とは、日本同様、収穫したらそのまま脱穀・籾摺りしたものを指す。確かに、独特の匂いがするパーボイルド米に比べて、生の方が米の味や香りがダイレクトに伝わる。また色味も生米は白、パーボイルド米はやや黄味がかっている。こうして昔ながらの生活の知恵だったはずのパーボイルド

シャンカルさんのお兄さん宅の台所

料理を盛りつけてくれる
シャンカルさん

上：心づくしの家庭料理を出してくれた
下：屋台では今もクール（雑穀粥）がよく売られている

米から、白くて風味を楽しむ生米に人気が移行しているのである。

一見伝統的で不変のイメージのあるバナナ葉ミールスだが、実際そこに盛り付けられる料理は日々刻々と変化している。この先さらにどのような変化を遂げていくのか。一枚のバナナの葉の上に立ち現れる新しい「伝統」を、内臓が持つ限り目や舌で敏感に感じ取っていきたいものだと、膨張感でいっぱいの腹をさすりながら私はぼんやりと決意した。

CHENNAI チェンナイ❷

異国で食べる昭和レトロメシ

ツヤツヤ光る白米の上に厚切りのカツ、傍らのカレーソースポットには日本風の茶色いカレーが入っている。脇には真っ赤な福神漬け。チェンナイにある老舗日本料理店、天竺牡丹DAHLIAでボリューミーなカツカレーを食べながら、私はまるで日本の、それも令和ではなく昭和の大衆食堂にタイムスリップしたかのような二重のトリップ感に浸《ひた》っていた。

外務省の統計によると、８１４５人（２０２２年10月現在）の日本人がインドに居住しているという。インドの経済的地位が高まるにつれてその数は年々増加の一途をたどっている。こうした在留邦人の日常生活にとって何より欠かせないのが「日本食」だ。

日本在住のインド人が「インド食」を希求するのは、その宗教的事情もあって味や郷愁以上の必然性を感じるが、インド在住日本人の「日本食」に対する渇望もそれと同じかそれ以上の情熱を感じる。「出張してくる人に持ってきてもらった醬油が宝物だった」「久しぶりのインスタントラーメンに涙がちょちょぎれた」など、ふた昔以上前のインド在住者の武勇伝（?）はよく聞いたが、年を追うごとに調達インフラは整っていき、90年代以降は日本食材を扱う専門店も徐々に出現。いまや日本近海産の

上:天竺牡丹 DAHLIA 外観
下:天竺牡丹 DAHLIA 店内

上：昭和レトロなカツカレー
下：天竺牡丹 DAHLIA オーナーの山内直樹・レーワティーご夫妻

刺身などの生鮮食品ですら（金さえ払えば）入手できるようになり、それにともない各地に日本・インド資本問わず日本食料理店の数が増えていった。

いまやデリーやベンガルールといった都市部には、さまざまな業態の日本料理店が百花繚乱。ベジタリアン寿司のテイクアウト店や、アニメ好きの若者に人気のラーメンを出すヌードルショップから、CoCo壱番屋やすき家といった日系の大手外食チェーンまで幅広い「日本食」を堪能できる。

その一方で、激化する競争から撤退や閉鎖を余儀なくされる日本料理店も少なくない。とりわけ個人経営店は店主の高齢化などの理由で次第に存在感を薄めている。周囲に日本食材店のなかった時代に苦労して開業した、こうした老舗がひっそりと店を閉じてしまうのは寂しい。この状況にコロナが追い打ちをかけている。

「このままでは黎明期のインドの日本食を支えてきた店がどんどんなくなってしまうのではないか」と不安にかられた私は、チェンナイにある老舗、天竺牡丹DAHLIAを訪ねたのだった。同店は周囲に同業店が一軒もなかった時代から続く、チェンナイ最古の日本料理店である。その開拓者だけが知る立ち上げ時の苦労や、インドでの和食材や食器の調達などについて、御年86歳（２０２２年5月当時）というオーナーの山内直樹さんにお話を聞かせてもらった。

——インドにいらっしゃった経緯を教えていただけますか。

私は大阪出身で、もともと大阪の中央市場でマグロを扱う卸会社で働いていたんです。若いころからいわゆるマグロ船に乗って世界の海に出てました。当然、世界各地の港町にも立ち寄りましたよ。だからインドに来る前からすでに、世界のあちこちは見て知っていたんです。

インドに来た理由は、いうなれば卸会社からの派遣ですわね。当時ウチの会社はインドマグロに注力していたんです。その収獲、管理、輸出なんかのリサーチですね。そのため、当初チェンナイではなくケーララの方に入ったんです。その時、通訳としてついてくれたのが今の家内（筆者註：レーワティーさん）です。

――その後すぐに飲食店をはじめられたのですか？

しばらく滞在しているうちに、こっち（インド）に駐在されている日本の方とも交流するようになって。松下なんかのメーカーさんや商社さんたちですね。すると彼らから日本食が食べたい、山内さんどうにかなりませんか、といわれるようになるんです。当時は周りに日本料理を出す店など一軒もなかったし、私自身も日本食が食べたいという気持ちは同じでした。

ただ、私は仕事柄マグロは入手できるものの、それ以外の食材がなかった。だから地元の大阪からEMSで醬油やら何やらを送らせて、それで和食なんかを作って駐在員さん相手にケータリングの仕事をはじめたんです。

その後、もう少し本格的に店としてはじめようと思い、領事館のあるチェンナイで開店しました。１９９３年です。店舗の取得にあたってはこうした方々にもお世話になりましたね。息子が大阪で板前をやっていたので、インドに来てもらって一緒にメニュー案を考えました。

——日本にある定食屋と比べてもまったく遜色ないメニューが並んでいますが、食材などはどのように調達しているのでしょう?

今、出しているものの大半はインド国内で調達してます。例えば米、これもインドの農家で作ってもらっていますが、最初は試行錯誤でいろいろと失敗もしました。味噌や納豆も自分たちの製造工場で作っています。刺身も一部はケーララで冷凍させ空輸したものを使っています。ただし日本酒などの酒類や醤油まではさすがに自分たちでは難しく、日本から送ってもらっています。もともと、可能な限りインドで調達したり製造したりした食材で本格的な日本食をお出しするのが一つの目標でした。それが間違ってなかったと感じたのは、コロナになった時でした。

当初、インドはかなり厳しく輸入規制をやったんです。当然、外国からの食材なんかは入って来なくなりますわね。ここ数年でインドにも日本料理屋が増えましたが、そういうところの仕入れは皆、日本の食材輸入会社を通じてです。コロナでそこに食材が入らなくなった。当然、そこから仕入れているお店はどうしようもなくなるわけです。その点、ウチはすべてが国内調達でしたので、大きな影響を受けることはありませんでした。

——客層はやはり日本人が多いのでしょうか?

開業した当初は日本人のお客様が多かったですね。駐在員さんとその家族のほか、バックパッカーなんて方たちもたまにいらっしゃいました。バイクで世界一周する途中に立ち寄ってくれた方や、インドで体調を壊して入院した方。お茶漬けを出したら日本を思い出して泣き崩れた方もいらっしゃいましたねえ。

インド人のお客様はだんだん増えていった印象ですね。最初はこんなお客様もいらっしゃいました。これから日本に仕事で出張なんだけど、会食の予定もあるから慣れておきたいと。つまり予行演習としてウチに食事にきたわけですな（笑）。

インド人はアメリカやイギリスにもたくさん住んでましたから、そういう国で和食の味を覚えて訪ねてくるお客様もいらっしゃいました。インド人は日本人と違ってこういうお店には一人で来ません。必ず家族をともなっていらっしゃいます。ですので、今ではそのとき両親に連れられて来店した方が、今度は子供を連れていらっしゃることが増えました。親子二代にわたってウチに来てくれてるんですね。嬉しいことです。

――メニューには寿司なんかもありますが、インド人客は刺身を食べないんじゃないですか？

と思うでしょう？（笑）　違うんですよ。かえってインドのことを知ってる人ほど、そんな風に考えられます。もちろん何が入っているかは英語でもメニューに書いているし、必要に応じて説明もしていますが、インドの皆さんも結構、何でも食べるんですよ。

（ここで奥さまのレーワティーさんも会話に参加）お客さんにはベジタリアンもいればムスリムもいる。ヒンドゥー教徒のブラーフミンもいる。でもそもそも外食をするという時点で、宗教的な意識は薄いんですよ。だからウチで肉を食べているブラーフミンもいますし、インド人の女子大生グループが来て日本酒をドンドンおかわりすることもあります。

当初こそ日本人が多かったのですが、今ではインド人のお客様の方が多くなりました。グループで来ることもあって、インド人の方がお金は使いますね。特にこの数年は目に見えてそういう方が増えました。逆に日本の方は一人客が多いし、昔に比べて少しこぢんまりしてきた印象がありますね……。

山内さんは、インド人や在住日本人の食嗜好や外食観の移り変わりを第一線の現場で長年見てきた生き証人である。その希少な話を、日本ですら少なくなりつつある昭和レトロな食堂の味と共に、チェンナイという異空間でしみじみ味わった。

南インドの働き手問題

CHENNAI　チェンナイ❸

チェンナイ旧市街、マイラポールの一角にある何の変哲もない住宅街。その住宅と住宅のすき間の奥の細道をすすんだ先に、一軒の小さなティファン（軽食）屋がある。表に看板など出ていないので初めての訪問者はたいてい迷うが、よく目を凝らすとバイクやらオートリキシャーやらに乗った人たちが次々に細道の奥に吸い込まれていくのがわかる。時刻はまだ朝の8時前。平日も人が多いが土日になるとさらに混みあう。

ここが私の好きな店ライヤーズ・メスRayar's Messである。ティファンとは南インドの軽食で、今や人気店はSNSで拡散され、立地や店構えからすると場違いなほどのにぎわいぶりを見せている。ライヤーズ・メスはまさにそんな店の筆頭で、住宅街の奥にあるのにまるで駅前にある店のように混みあう。

理由はもちろん味にある。16人しか入れない狭い店内は入れ替え制。来た順に名前が呼び出されて入店する。着席するやサッと敷かれるバナナの葉。まずは米と豆の粥、ポンガルからサーブされる。数種のチャトニー、ポディと呼ばれる薬味の粉末にはギーを注いで指で捏ねペースト状にする。それに蒸したてのイドゥリーを絡めて食べる。イドゥリーとは発酵させた米と豆の蒸しパンで、イドゥリー・

チャッティと呼ばれる専用の蒸し器で大量に作る。さらに揚げたてのワダ。豆粉のドーナツだが、イドゥリーと違い一つひとつイルンブ・ターチー（鉄製鍋）で揚げていくから出すのにしばらく時間がかかる。客たちはそれを固唾を飲んで待っている。

厨房外部には電動式のウエットグラインダー（石臼）が数機並んでいて、四六時中ゴンゴン音を立てて回っている。ワダやイドゥリーのためのマウ（生地）を作るのに欠かせない機械だ。タミルの電気屋に行くと家庭用ウエットグラインダーが必ず置かれていて、容量2リットル前後が売れ筋。日本のパナソニックを含む内外のメーカー各社がさまざまな形状や色のものを出している。一方、食堂で稼働するものは5～10リットルほどの巨大で無骨なもの。長時間回すのだから頑丈さが一番だ。今でこそ電気で動くが、昔の人はこれをアートゥッカル[2]という石臼で手挽きしていたというから苦労がしのばれる。一昔前のタミルの軽食屋では、アートゥッカル挽きが新入りの仕事だったという。

そんな混みあった店内で、サーブや下処理、後かたづけといった雑務全般をこなしていたのはタミル人ではなく、ビハール州や西ベンガル州から来た若者たちだった。それに気がついたのは、ある時、老店主のクマールさんがおぼつかないヒンディー語で指示を出しているのを耳にしたからだ。

「お前はこれとこれを運んで。お前はあそこからあれをもってきて」

南インド人は北インドの言語であるヒンディー語を話したがらない。ヒンディー語は多数派の中央政府が力の論理で押し付けた言葉であって、たとえ多少は理解できても自ら発するのは南インド人としてのプライドが許さない。フランス人が英語を話したがらないのと似た理由だ。そのクマールさんが、わざわざ自分の店でつたないヒンディー語を使うのだからよほどのことなのだ。

料理の世界には「食の血統主義」といったものが存在する。日本料理を作るのは日本人がふさわしく、南インド料理は南インド人が一番だ、といった考え方だ。実は料理というのはレシピ化、いいかえれば数値化できるので、その地方の料理を作るのにその地方の出身者である必要はまったくない。とりわけ不特定多数を相手にする大規模な商業料理の場合、壁の向こうの厨房で誰が作っているかなどもはや気にする人は皆無である。それでも何となくイメージで、「ティファンなら南インド人」と我々は思ってしまいがちだ。ただそうはいっても働き手がいなければどうしようもない。

こうした働き手不足問題は、隣のケーララ州の方がより事態が進行している。食堂の従業員や工場労働者などとして生計を立てる親たちが、少しでもいい仕事に就かせようと、働いたわずかな金から子供の学費をねん出する。するとその子供たちは父親たちが働いていたような職場ではなく、ワイシャツにスラックス姿で働くホワイトカラーの仕事に就くようになる。あるいはドバイなど中東産油国に出稼ぎに行く若者も多い。州の内陸部の大半が西ガーツ山脈のはしる、農業には不向きな土地柄であるため、ケーララの多くの人たちは70年代ごろから中東への出稼ぎに行くようになった。そして今でもそれは続いている。ドバイのホテルに宿泊するとスタッフはケーララ出身者だらけである。

そんな不在となったケーララの若い労働力を埋め合わせているのが、ビハール州や西ベンガル州、そして目立つのがネパール出身者だ。ケーララの、特に地方都市などに行くと出稼ぎのネパール人によく出会う。職種はさまざまだが、例えば神具や食器など青銅器の加工地として有名な南部の小さな街マンナルを訪ねた時、製造工場で働く職人から守衛までネパール人ばかりだったのには驚いた。ルンギー姿のベテラン職人たちこそ地元出身者だが、若い職人たちはすべてネパール人なのだ。

そう思って意識して見まわすと、確かに街なかでネパール人の姿をよく見る。中には食堂の厨房で15年も働いている人もいて、料理はもちろん土地の言葉、マラヤーラム語も堪能で、店のレジにデンと座るオーナーとの意思疎通もソツがない。つくづくネパール人のたくましさを感じさせられた。

このような厨房で身につけた南インド料理技術を、インド国内だけでなく海外のレストランで活かすビハール州や西ベンガル州出身者も少なくない。例えば日本のような、南インド料理店の出店数に調理人の数が追い付いていないような国では彼らは重宝される存在となっている。

この構図は北インドでも同様だ。大都市デリーの食堂で働く労働者はウッタラーカンド州ガルワールの出身者が多い。ガルワールは大規模農業に不向きな山あいの地方であるため、長男など跡継ぎ以外は仕事を求めて都市部に出る傾向があった。とりわけ90年代以降、都市部に飲食店が増加するのにともない出稼ぎ労働者も増えていったが、それでも保守的な土地柄のガルワールでは、ヒンドゥー教的観念から他人の唾液に触れるような厨房仕事への不浄視が強く、さらに長時間の肉体労働にもかかわらず低賃金であることから「コックには嫁の来手がない」とまでいわれた。こうした厨房仕事への蔑視は、調理仕事のイメージの向上や、とりわけ海外の飲食店で働く層から届く送金で建てた豪邸が周囲に増えるにしたがい改まっていった。すると今度はコックになりたがる若者が増えてくる。

本来農家の跡を継ぐべき長男までもが都会へ出稼ぎに出るようになると、田畑で仕事をするのは残された妻と年老いた両親ということになる。やがて都市部や海外で独立開業するコックもあらわれ、そうなると家族が呼び寄せられ離農、離村へとつながっていく。ホワイトカラー化や海外出稼ぎで空いた都市部の空洞を埋め合わせるために、最終的に農村部が空洞化していくのだ。

こうした問題が最も顕著なのがネパールだが、ビハール州や西ベンガル州などインドのほかの地域も他人事《ひとごと》ではない。人口が世界一となったインドも、いつしか人口減に転じるのだ。そうなった時、一体誰がキツい厨房の肉体労働を担うのか……。

「今、何不自由なく食べているこのティファンの作り手が、いつしかインドからいなくなってしまうかもしれない」。そんな未来に不安を感じつつ、ようやく出てきた揚げたてのワダを私は噛みしめた。

マイラポールの住宅街の
奥の細道にあるライヤーズ・メス

ワダを揚げる3代目店主のクマールさん

上：ライヤーズ・メスの極上のティファン
下：ビハール州や西ベンガル州の出稼ぎ労働者が厨房で働くようになった

DINDIGUL ディンディッカル

並存する二つの台所

有名なミナークシー寺院を擁するタミル・ナードゥ州マドゥライからバスで2時間ほど北上するとディンディッカルという街に着く。寺院への巡礼者だけでなく、交通や商業の要衝として今なお雑多な人々でにぎわうマドゥライと違って、規模の小さい、ありふれた地方の街である。

この街が他の街より知られている点があるとしたら、それはタラッパカッティ・レストラン Dindigul Thalappakatti Restaurant という店の存在だろう。タラッパカッティ・レストランは1957年創業のタミル式ビリヤーニー専門店で、州内は元より、北米、ドバイ、マレーシア、フランスといった海外にも支店を持つ、最も成功したタミルの外食チェーンの一つである。ディンディッカルはその発祥の地なのだ。街はビリヤーニーと関連付けられ、いつしか「タミル・ビリヤーニー発祥の地」とか「ディンディッカル・ビリヤーニーのふるさと」などと称されるようになった。それに追従するかのように、その後街にはビリヤーニーを出す店が増殖していった。

そんなディンディッカル郊外にA・R・乳業という乳製品メーカーがある。各地から集められたミルクは自社の大きな工場で処理・加工され、「ラージミルク」というブランド名で州内及び隣接するケーララ州で販売されている。従業員数約700人という中堅どころの会社なのだが、ここに勤務するシヴァクマールさんを日本在住のタミル人の友人を介して紹介してもらった。シヴァクマールさんの案内によって、タミルのありふれた街に住む人々の台所を見せてもらおうという魂胆である。

待ち合わせ場所に指定されたA・R・乳業にはマドゥライからバスで向かった。守衛室のあるゲート前に到着し取り次いでもらうと、作業服姿のシヴァクマールさんが出てきた。彼の自宅は遠いので、会社の近くにある彼の部下の家を案内してくれることになっていたのだ。

「と、その前に」シヴァクマールさんはいった。

「上司たちにコバヤシさんを紹介しますので。こちらにどうぞ」

案内してくれたのは工場長室で、扉を開けて入ると大きな机の前にデンと座った、体格の良い紳士が出迎えてくれた。柔和だが仕事ができそうな容貌。日本からの客人という、どこの馬の骨ともわからない私に物腰柔らかく応対してくれた。

「ほう、インドの台所を見てまわられているのですか。そういうことなら我が家にもぜひどうぞ。家内に連絡しておきますよ」

工場内のお偉いさんたちと何枚も記念撮影させられたのち、工場長はそんな提案をしてくれた。願ってもないことである。早速、向かうことにした。

工場長宅は工場から車で数分。遠くからでもよく目立つ瀟洒なお宅はまだ築3年ほどとのこと。タミルの富裕層の住居には定番の、細かい浮き彫りが施されたチーク材の玄関ドアが重々しい。中にはいると居間の中央部から階上へと続く螺旋階段がドーンと目に飛び込んでくる。南インド映画の中ではたびたび目にしていたが、実際の住居に設えられたものは生まれてはじめて見た。

上：立派なA・R・乳業社屋
下：工場長宅の台所。さまざまな電化製品を所有している

上：納戸の中にも物があふれている
下：工場長宅とは対照的な女性社員のお宅

「こちらがキッチンです」

簡単な挨拶ののち、上品な奥様に案内されて広々とした台所に入る。大理石製の作業台が壁に沿って設置されているだけでなく、アイランド式に独立してもう一つ設けられている。作業台の脇にはもう一つの小さなシンクと水道が接続されていて、アイランド式の作業台だけで一般家庭のシステムキッチンぐらいの大きさがある。どう考えても主婦一人で作業するには広すぎる。もちろん、通いのお手伝いさんがいるし、親戚などの集まりがある時は女性たちがここに集まり共同調理をするのだろう。引き出し式の収納スペースにもぎっしりと皿や小物類が入っている。

台所には小部屋のような、一室丸々収納スペースとなっている納戸も併設されていた。中にはたくさんの食材や調理器具が整然と配置されている。ミキサーやウエットグランイダー、電子レンジや電気ケトルなど電気機器類も多い。インドのミキサーは単にジュースやスムージーを作る用途ではなく、硬いホールスパイスやドライ・ココナッツを破砕してペーストやチャトニーにするために使われる。そのため頑丈さが求められる。例えば同じ作業を日本製のミキサーで行おうとすると、ボトル部分が強化プラスチック製であるため破損することがあるし、長時間回しつづけるのでモーターが熱で故障する。その点、インド製のミキサーはボトル部分がステンレス製のものが主流で、用途に応じて2～3サイズ異なるものが付属する。モーターも長時間の使用に耐えられるように設計されている。複数のメーカーが存在するが、工場長宅にはPreethi社製のワット数の高いものが置かれていた。１９７５年創業の同社はタミル・ナードゥ州内でミキサー市場の約8割を占める業界随一のブランド。２０１１年、世界的な家電メーカーPhilips社により買収されて現在はその傘下へ入った。しかし現在もPreethi

の名が冠された製品は広くタミル内外で流通している。

物量に圧倒されながら工場長宅を後にする。続いて工場勤務の女性社員の家へとシヴァクマールさんは案内してくれた。工場長宅から徒歩でほんの数分歩いた距離に、打って変わってひなびた雰囲気の小さな集落が現れる。数軒の土壁の家を通り過ぎた先に、目指す彼女の家はあった。小さいながらもコンクリ製で、薄い青で塗装されたこぎれいな一軒家である。片付けが終わったのか、ほどなくして奥の方から声が聞こえた。

「お入りください。狭いですけど」

恐縮しながら通してくれた台所には、まずコンクリ製の作業台の上に置かれたガスコンロ、ココナッツ削り器、ドーサッカル[51]（鉄板）などの日用品が置かれていた。採光用の小窓の枠にはウルガイ（漬け物）が入った小瓶が、また側面の棚には塩、マサーラー、油などの調理に欠かせないアイテムが整然と並べられている。

作業場は狭く、人が一人作業するのが精いっぱい。とても家族が共同生活するような感じではなく、つまりは核家族用の住宅なのだろう（もちろんこれぐらいの広さの家に三世代同居している例もあるが）。

水道が通っているのにプラスチック製のクダン（水がめ）が並んでいるのは井戸水で生活していた頃の名残りだろうか。その一方で、小さな台所には不釣り合いの大型冷蔵庫が鎮座していた。決して豊富な食材が貯蔵されているわけではないが、台所の主人たる女性たちが社会進出する現代、こうした家電製品は何も上流階級だけのものではなくなりつつある。

「今では使わなくなりましたが……」といって説明してくれたのは家の外にあるアートゥッカル。[2] ドーサやイドゥリーのマウを作るのは今や電動のウエットグラインダーが主流だが、一昔前まで人々はこの重く大きなアートゥッカルを用いていた。手作業でじっくりと粉砕・ペースト化したマウには機械には出せない味があると感じるタミル人は多い。

もっとも手作業で重い石臼を長時間回し続けるのは大変な労力だ。マウを作るためのアートゥッカルやマサーラーを挽くためのアンミッカルなどの石製の重たい調理器具は大半が嫁入り道具としてその家庭にもたらされたものである。そしてその重労働はそのまま女性の役割となった。電化製品の普及は、こうした前近代的な家事労働からの女性の解放にほかならない。とはいえ、まだまだ伝統的な家事労働を「美徳」として重んじる空気はタミルといわずインド全体に色濃く残っている。

片や最新機器であふれた大きく快適な台所、片や古くからある庶民の小さな台所を、まるで時間旅行のように一度に訪問して比較できたのは収穫だった。そしてこのまったく違うタイプの二つの台所が、同じ時代の同じ地域内に並存している点が、現代インドを象徴しているように思えた。

PUNALUR プンニャル

密林の中の小さな家

地図で見ると南北に細長いケーララ州だが、その細長い州の中は決して単一文化圏ではない。アラビア海に面した豊かなケーララには古くから様々な外国勢力が来航し、伝来した複数の文化・宗教が幾重にも横溢する重層的で複雑な世界を形成した。それはケーララ地方に伝わるキリスト教を例に取ってみるとよくわかる。

ケーララには異なる時代に伝来した、三つの異なるタイプのキリスト教が存在する。一つは世界史的にも最も早い段階。キリストの十二の使徒のうちの一人、聖トマスがインドに伝道したという紀元後すぐの時代。この時期に改宗した人たちとその末裔をシリアン・クリスチャンと呼ぶのは、聖トマスによる布教がシリア語で書かれた聖書に基づくためである。彼らが州内のキリスト教徒人口の約9割を占める。

もう一つはぐっと時代が下った15世紀の大航海時代。ポルトガル人宣教師の布教でカトリックに改宗したのがラテン・クリスチャンと呼ばれる人たち。さらに時代が下った19世紀のイギリス系宣教師によって改宗された人たちも存在する。このように、一口にケーララのキリスト教徒といっても異なる時代に異なる動機で改宗した人たちの末裔の集合体なのである。

このうちシリアン・クリスチャンは最も古い歴史を持つだけあって、独自の食文化を持つ。最近では専門の料理書がいくつも出版されているが、このシリアン・クリスチャンの生活と台所をぜひとも見てみたいと思っていた。それも都市部の西欧化したモダンなものではなく、なるべく原初の形態に近い伝統的な台所を。

——さて、どこに行けばシリアン・クリスチャンに出会えるだろう……。

出国前に伝手をもとめて周囲を見渡してみると、厚木市でインドレストランを経営するジョジョさんのことを思い出した。確か彼はケーララ州出身の敬虔なシリアン・クリスチャンだったはずだ。相談したところ快く同郷の親友を紹介してくれた。ヴァルケイさんという方で、プンニャルという聞きなれない地域に住んでいるという。

プンニャルには最寄りの鉄道駅がない。最も近い鉄道駅はコッタヤムで、そこから1時間半かけてローカルバスにゆられなければならない。途中スコールに見舞われながら、指定されたバス降り場で待っていると

「ヘッロー、ミスター・コバヤシ?」

と遠くの方から満面の笑みを浮かべて駆け寄ってくる一人の男性がいる。丸顔でずんぐりした、ドーティー(男性用の腰巻き)の似合う、人の好さそうなそのおじさんがヴァルケイさんだった。がっちり握手して早速彼のバンに乗り込む。バス降り場周辺は比較的開けた商業地なのだが、しばらく走るとケーララ特有の椰子に囲まれたうっそうとした密林に入る。舗装路も途切れ、赤土むき出しのオフロード

に変わる。しかしヴァルケイさんは談笑しながらスピードを弛めない。四駆でも何でもない小型のバンなのだからロクなサスペンションもない。計25回ほど天井に頭をぶつけ終えたころ、密林の中にポツンとたたずむ小さな彼の邸宅にようやく到着した。ケーララでもこれほどの田舎ははじめてだ。

出迎えてくれた優しそうな奥さんと大人しそうな息子さんに挨拶したのち台所へ入る。薄暗い奥の壁側には立派なアドゥップ（かまど）が鎮座していた。同じケーララ州のチャベスリーでも見たが、ここでも立って作業できるように作業台の上にアドゥップが設えてある。ケーララ州でもかつては他州でよく見かけるような、土間の上にかまどを造り座って煮炊きする、いわゆる「平竈《ひらかまど》」方式だったというが、ヴァルケイさんの母親ぐらいの代に現在のような作業台の上にアドゥップを載せ、立って作業する「立ち竈」方式に変わっていったという。とはいえもっと奥の山村部や、先住民族の住む地区では今でも土間に直接座って煮炊きしている。他方、コチなどの都市部ではもはやアドゥップなどは使わず、ガス調理が主流となっている。このように台所だけを比べても、同じケーララ州内で同時代とは思えないほど設備に差がある。それも双方無いものねだりしている点が面白い。山村部の人たちは都会の最新式の厨房機器に憧れ、都会の人たちは昔ながらの薪の火に強いノスタルジーを感じている。ちなみに燃料となる薪は自宅周辺が広大な密林であるだけにこと欠かない。とはいえあまたある椰子殻は油が多くて煙が出るため、着火剤としては使えるのだが調理の燃料には向かないらしい。

そんな話をしていると、奥さんが食事の準備にとりかかった。到着時間が中途半端だったため、とりあえず軽食を作ってくれるようだ。ビーフ・カッパ・ビリヤーニーだ。カッパとはケーララの特に中部から南部にかけて主食のように日々食べられるキャッサバのこと。大ぶりのカッパはまな板を使

上:ケーララの奥深いジャングルの中にヴァルケイ邸はある
下:伝統的なアドゥップで煮炊きをするヴァルケイさん

カッパをザク切りにする奥さん

ケーララにはクリスチャンが多い。
ヴァルケイさんもその一人

わず大雑把にザク切りし、アドゥップにかけたアルミのチェンブ（壷状の鍋）で大まかにふかしたのちウルリ（口径の広い鍋）に移して木の棒でマッシュする。カッパが熱いうちにビーフ・ローストを練り込むように混ぜたら完成。出来たては手で触れないほど熱々だ。

ちなみにケーララでは彼らのようなキリスト教徒だけでなく、ヒンドゥー教徒の間でも牛肉はよく食べられる。北インドのヒンドゥー教徒に聞かせたら驚くような話だが、一口にヒンドゥー教といっても広大なインドでは食のタブーにも大きな地域差があることの一例である。

食後、ヴァルケイさんは辺り一面生い茂る、先祖代々守っているゴム林を案内してくれた。樹々にはそれぞれ切り込みが入っていて、半円状にカットしたココナッツのカップが結わえ付けられている。このカップの中に、切り込みから沁み出るゴムの樹液を溜めるのだ。集められたゴムの樹液は熱して加工され、市場へと送られる。一家の大事な家業である。

「そろそろお腹がすいたでしょう」

時刻が正午近くになるとヴァルケイさんは、多くの善良なインドの地方人特有のもてなし方でそういった。曖昧な笑みでうなずく私。重めの軽食であるビーフ・カッパ・ビリヤーニーが腹の中でまだ消化できていないのだ。インドの多くの場所同様、ケーララもまた昼ごはんが一日の食事の中心。アドゥップの上には再びチェンブが置かれ、今度は米が炊かれている。

ケーララで食べられる米（チョール）には大まかに、クッタリ・チョールと総称される大粒米と、ビリヤーニーに使われるカイマ・ライスのようなヴェッツリ・チョールと呼ばれる小粒米とが存在する。主食として食べられるのはクッタリ・チョールだが、このうち特に南部で好まれるのがマッタ・ライス（マッタ・チョール）と呼ばれる赤米である。ヴァルケイさん宅でも日常的にマッタ・ライスが食べられている。

メインのおかずはどっさり作ったミーン（魚）やビーフのウラッティイヤットゥ（炒めもの）。調理にはチナ・チェッティという両手つきの鉄鍋を使う。「チナ」とは「中国」を指し、文字通り「中華鍋」を意味する。古くから世界との海上貿易で栄えたケーララの歴史を改めて思い起こさせる。

そのほかプリセリー（ヨーグルトを使った甘く酸っぱいスープ）、トーレン（野菜のココナッツ炒め）といった副菜類。アッパム（発酵させた米粉生地を蒸し焼きしたパン）まで並んだぜいたくなもてなし料理だった。クリスマスやイースターといった特別な日にはカッルー（椰子酒）を隠し味にしたアッパムや豚肉料理も食卓に並ぶ。酒を隠し味にするなど、インドの他の地域では考えられない調理法だ。女性が家族と共に酒をたしなむ文化もある。

陽気なヴァルケイさんのおかげで終始なごやかな食事時間だった。ジャングルのど真ん中だというのに、小さな家の台所で作られる食卓の豊かさには驚かされた。夢中になって食べながら、ふと気配を感じて後ろをふり返ると、壁に掲げられていた小さなイエス・キリスト像が優しい目をして微笑んでいた。

CHAVASSERY チャベスリー

マーピラのにぎやかな食卓

胡椒の原産地として名高いケーララは、古来、アラビア諸国との香辛料交易や、その後の大航海時代のポルトガルからイギリスによる侵略に至るまで、長い年月をかけて実に様々な諸外国と交流を続けてきた。折衝の場となった沿岸部一帯はマラバールと呼ばれ、特に北部マラバールは人とモノと富とが集中し独自の文化が花開いていった。インド史上最も早くイスラム教が流入したのもこの一帯である。

ケーララでイスラム化した人たちを「マーピラ」と呼ぶ。マーピラの起源を7世紀以降に土着したアラブ商人と地元ケーララ女性との間にできた子孫であるとする説もあるが、実際には特に18世紀の英領地代にアラブから渡印した宗教指導者によって改宗した、ヒンドゥー教下層カースト出自の人たちが大半を占める。

もともと交易を通じてアラブとの結びつきが強かったマーピラだが、石油開発に成功した中東アラブ諸国が1970年代以降、外国人労働者の受け入れを開始するやいち早く出稼ぎに赴いた。現在でもドバイやカタールを歩くと至るところでケーララ出身者（そしてその多くはマーピラ）の姿を見かける。この出稼ぎで蓄財した彼らが、やがて故郷ケーララに帰ってはじめるビジネスの一つが飲食店である。

2000年代以降目立つのが、カブサやマンディーなどのアラブ料理を出す高級店の急増ぶり。外食に求められる「ごちそう像」を、ケーララではムグライーや中華ではなくアラブ料理が担っているのである。

このように、都市部では新興のアラブ料理店の台頭がみられるものの、伝統的にこの地方を代表するのはマラバール料理である。マラバール料理とは広義にはマラバール地方全域の料理を指す場合もあるが、一般的には沿岸部マーピラの手による肉類や魚介類を多用したムスリム料理を指す。インドの他の地域ではビーフといいながらその実水牛の肉を出すムスリム食堂が多いが、ケーララのビーフはれっきとした牛肉だ。一方魚介類は、近海や長大な汽水域で採れるクンタール（イカ）やカルマッカヤ（ムール貝）、チェンミーン（エビ）やカリミーン（シクリッド）など。調理にはココナッツ・オイルが多用され、その独特の風味がこの地方らしさを印象づける。クルワ・ライスという大粒米を常食とするほか、内陸部ワイナードで産する小粒のカイマ・ライスで炊き上げたマラバール・ビリヤーニーが有名で、あえて小ぶりの皿の上にはみ出さんばかりに盛り付けたビジュアルと、熱々の具をほじくり出して米と共に口に含んだ時にわき上がる多幸感は筆舌に尽くしがたい。

マーピラにつながる伝手を国内で探ると、神奈川県で飲食店を経営する旧知のシャムスさんがいた。彼の実家はマラバールにあるマーピラの一家で、相談すると快く家族を紹介してくれた。

実家のあるチャベスリーは地方都市のカンヌールからローカルバスで約2時間の道のり。バスストップを降りるとさほど大きくないカンヌールが大都会に思えるほどの小さな街だった。

「どうもどうも。兄から聞いています」

弟のガファールさんがヒンディー語で出迎えてくれた。基本的に南インドの地方に行くとローカル言語しか通じないことが多いが、アラブ圏への出稼ぎ経験者が多いケーララは田舎に行ってもヒンディー語がよく通じる。インド亜大陸各地から労働者が集まるアラブではヒンディー語が共通言語であり、がっちりした体格のガファールさんもまた、長年のアラブ出稼ぎ労働の経験者なのだ。

案内してくれた先は、同じ敷地内に住むお母さんの旧邸と弟さん一家の住む新邸が隣接していた。新旧双方の台所を見比べることができるのはありがたい。まずは旧邸から訪問開始。台所に入ると煙突付きの土製のアドゥップが大きな位置を占めている。しかもインドの他の地域で見られるような土間に直接、泥土を盛って自作したものではなく、立って作業できるように作業台の上にアドゥップが設えてある。いわゆる「立ち竈」と呼ばれるものだ。のちにわかるが、これは西洋式厨房設備の影響らしい。いわば近代的なかまどというわけである。後日、市場を見ていると素焼きの壺や鍋と並んで小型アドゥップも置いてあった。他の地域と違ってケーララの場合、かまどは手作りするものではなく、まるでガスコンロのように単体の既製品として売られているのだ。

アドゥップを載せる作業台の下は薪や調理器具を収納するスペースとなっていて、ケーララ特有の形状をした真鍮のウルリ（口径の広い鍋）の他、マンチャッティ[66]と呼ばれる素焼きの鍋類が数点置いてあった。食材に柔らかい火が伝わる素焼きの鍋は、多くのインド人の心の琴線に触れる調理器具であるにもかかわらず、今では手入れがしやすく頑丈なアルミ製に置き換わってしまっている。しかしケーララでは今でも多くの家庭で日々の調理に使われている。

アドゥップの上のマンチャッティでコトコト煮込んだ汁物料理はケーララの人々の食の原体験であり、今も彼らの食欲をかきたてるキラー・アイテムである。そのマンチャッティを用いた料理の中でも、最も美味しくでき上がるのは魚料理である。

「使い続けたマンチャッティであればあるほど、ミーン（魚）料理は美味しくなるんですよ」

ガファールさんはいう。長年、使っているうちにマンチャッティの内側には洗っても落ちない油やマサーラーが染み込んでゆく。この素焼き鍋肌に染み込んだ味が隠し味になるのだ。とりわけミーン料理に用いるマンチャッティのことを別名「ミーンチャッティ」と呼び、他の（素材の）料理には使わず魚専用の鍋として用いていているところに、この地方の人たちの魚食への強い思いが伝わってくる。

こういう素焼きの鍋調理には鍋肌に優しい木製の木べらやお玉が不可欠である。金属製だと土の鍋肌が削れてしまうからだ。素材として用いられるのはココナッツが多い。このココナッツのお玉をアッパイと呼ぶ。先端のお玉の部分は半円状のココナッツ、柄の部分は枝や幹から作られる。このようにココナッツはケーララの食卓においてありとあらゆる場面で活躍するが、台所に入るとその万能選手ぶりを痛感する。

新邸の新しい台所を見学させてもらうと、毎朝食べるプットゥ（米とココナッツを円筒状に蒸したもの）のクティ（蒸し器）やチラヴァ（ココナッツ削り器）など伝統的料理を作るための道具が存在感を持って鎮座している。これらはこの地で毎日必ず使う日常的調理器具の筆頭である。

台所にいた女性陣がさっとアヴィル・ヴィライチャットゥ（干し米を使った菓子）と生バナナの軽食を作ってくれた。ムスリム家庭は子だくさんが多く、家の中にも弟の息子とかお兄さんの娘とか次から

上：チャベスリーにあるシャムスさんの実家
下：旧邸の台所をお母さんが案内してくれた

新邸の新しい台所

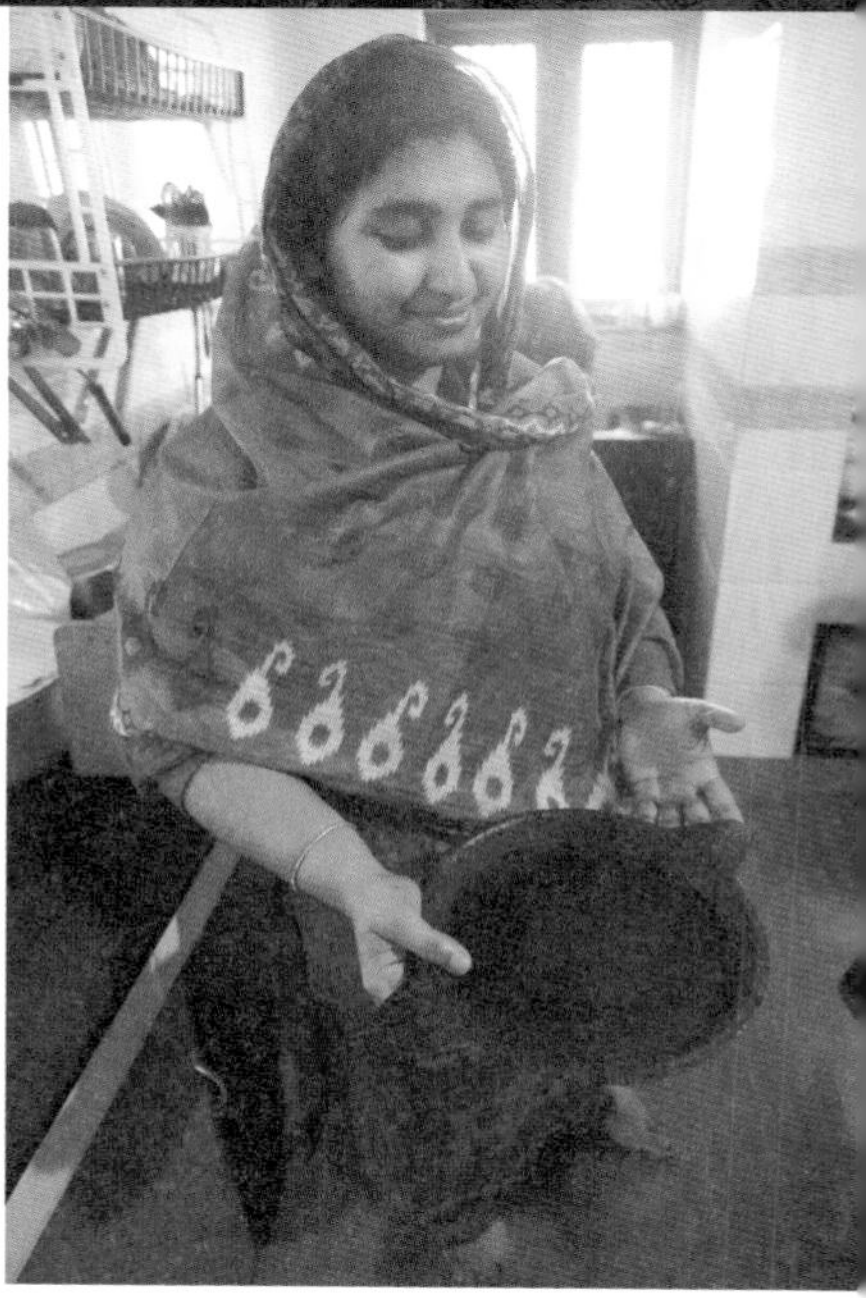

日常的に使っているタワー

次へと紹介されたがまったく覚えられない。彼らが物珍しそうに周りに寄ってきた。手でバナナの実を潰してアヴィル（干し米）と混ぜていると
「おじさんダメだよ、もっとバナナを潰さなきゃ。ここ（手指の隙間）から（握り潰したバナナが）ムニュ〜ッと出てくるまでやらないと美味くならないよ」
バナナをまるで泥んこ遊びの泥のように、無垢な気持ちで潰しなさいと小さな女の子にダメ出しされる。手食とは単に手で掴んで口に放り込めばいいといった単純なものではなく、手指のあらゆる可動域の限りを駆使すべきだと頭では理解しているつもりだったが、それに指と指との間も含まれるとは。スプーンや箸といった道具食に慣れきってしまうと、いつの間にか自身の手指でこれほどまでに自在に食事ができるということに気づかなくなる。幼児の巧みな手食ぶりに感心しながら、未だ迷いから脱け出せず、ぎこちない動作しかできない我が手をじっと見つめた。

沁みる酒、沁みる話

KAKINADA カキナダ❶

ベンガル湾に面したアーンドラ・プラデーシュ州の商都カキナダは、英領時代に港湾が開発され、軍艦や商船が行き来したほか、東南アジアやフィジー、北米大陸へと渡った多くの労働移民の最終出国港だった。今でもカキナダ・ポートとして往時の余韻を感じさせるほか、街の東部には漁港があり、近海で獲れた新鮮な魚介を売買するにぎやかな魚市場があることでも知られる。またゴーダーヴァリー河がベンガル湾に注ぎ込む「ゴーダーヴァリー・デルタ」を擁する肥沃な一帯であり、古来農業が盛んだった。

州内第6番目という中途半端な規模のこの街に、私が何度も訪れているのには理由がある。同州最古参の飲食店の一つ、スッバヤ・ガリ・ホテルの訪問のためである。そのことについては次の節で書くとして、この街に来たもう一つの理由から話を進めていきたい。カキナダは日本で親しくしている、アーンドラ料理店オーナーのサラディィさんのふるさとでもあり、今回インド各地で台所訪問をするにあたり、アーンドラ訪問の際は彼の実家を訪問しない手はないと考えたのだ。サラディィさんに相談すると二つ返事でOKし、目の前で実家に電話してくれた。

上：立派なサラディ家の門
下：酒でもてなしてくれるのは信頼できる客だと認められた証

上：台所で酒肴を調理中のお母さん
下：サラディ家の人々

カキナダに到着し、サラディさんの実家の大きな鉄の門をくぐると、御年84歳のお父さんが出迎えてくれた。「お久しぶりです。お変わりなさそうで」。実は私は日本でも一度、お父さんにお目にかかっていたのだ。

立派な三階建ての邸宅は二世帯住宅で、一階にお父さんとお母さん、二階はお兄さん夫婦が住んでいる。築年数はやや古いものの、費用をかけて丁寧に建てたことがよくわかるお屋敷だ。その裏手には今は廃業したクリニックの建物跡がある。後から中を案内してもらったが、まだまだ使える医療機器が多かった。そのクリニックの元院長がお父さん。そう、お父さんは元医者なのだ。

夕刻。居間のソファに深く座りながら「ちょっと早いけど」とお父さんはインド製洋酒のボトルを棚から取り出す。「まずは一杯」と背の低いグラスを渡され乾杯。肴となるコーリー・ヴェプル（チキンフライ）はお母さんが隣の台所で揚げてくれている。と、なにげなく書いているが、こうしたひと昔前の日本でもよく見られた家庭内でのもてなし方は、インドではある程度信頼できる男性客に対してのみ提供される。保守的なインドでは、自宅内で初対面の客のもてなしにいきなり酒を出すことはあまりない。客の応対をしている主人の横で、妻は台所に入り酒の肴を準備や空いた皿の下膳などに徹する。料理のサーブこそさせるが、妻が客にお酌をする習慣もない。女性にお酌をしてもらいたければ、ムンバイにあるような妖しいバーにでも行くほかない。つまりインドでは、酒はそのような背徳性の高い存在なのだ。

少し酔いが回った私は、深酔いする前に見ておこうと台所に入れてもらった。ガスコンロの前でお母さんがメインのワンカヤ・クーラ（ナスの炒め煮）を作っている。ナスはアーンドラを代表する野菜で、見た目も味も異なる複数のナスが流通している。調理法もさまざまある。鍋で炊いているのはプリホラだ。「プリ」とは酸味のあるものの接頭語で、タマリンドや青マンゴーで酸味づけされた炊き込みご飯のこと。婚礼宴などのおめでたい場で食べられる。南インド全般で「プリ」と名のつく料理、つまり酸味づけされた料理は多いのだが、とりわけアーンドラ料理は酸味を重用する食文化がある。その代表格がゴングラだ。ゴングラはアメリカや中南米ではその花びらをハーブティーとして飲まれることもあるローゼルの葉で、強烈な酸味が持ち味。この葉を食べるのはインド全土でもタミルの一部地域を除いてほとんど聞かないが、アーンドラ人にとって脳裏に思い浮かべるだけで唾液を多量に分泌させるパワー食材だ。ピンク色のきれいな花も咲くが、咲くころには若葉が硬くなってしまうため開花前に葉は収穫される。さまざまな料理に用いられるが、煮崩した葉とマトンを合わせたゴングラ・マムサムが代表格だろう。

このゴングラ・マムサムこそアーンドラ人にとってのソウルフードである。もちろんお母さんも私のために事前に作ってくれていた。ちなみにゴングラ・マムサムはプリホラと共に食べない。酸味同士で味が相殺されるからだ。ソナー・マスーリーというアーンドラで産する白ごはんと共にいただく。米はタミルなどで主流のパーボイルされたものではなく、脱穀のみされた生米が一般的だ。この真っ白なソナー・マスーリーを、ゴングラの濃緑色で染めていくのが醍醐味なのである。

料理に酸味を多用するのは、たくさんのおかずが用意できなかった時代の名残りなのかもしれない。これはほかの多くの地域でも同様で、ごく少量の酸っぱい、もしくは辛い、あるいはしょっぱいおかずと共に大量の主食を食べる姿が一昔前まではよく見られた。

今でこそ南インドを代表する農業州として名をはせるアーンドラだが、それは1960年代から70年代にかけてインド全土で展開された「緑の革命」と呼ばれる農業改革の成果である。この改革で、劣悪な環境でも生産できる米や小麦の品種や、病気や害虫を防ぐための農薬などが開発された。今では信じられない話だが、農業改革前のインドでは米を自給できず、ネパールなどからの輸入米に頼っていた時期すらある。それが現在逆転し、安いインド米がネパールに大量に輸出されている。

この農業改革によって、新しく開発された生産性の高い米や小麦が増産される一方、収穫効率の悪い在来米（モラゴルクル米など）や、それまで多くの畑で作られていた雑穀などは急速に駆逐されていった。ちなみに現在アーンドラ内外で多く生産されている、前述のソナー・マスーリー米が誕生したのが1982年。種蒔きから収穫まで約4か月半で病気にも強い品種である。

当時の食事情をお父さんに聞くと「（経済的に余裕のあった）ウチは白米には不自由しなかったが、診療に来る患者さんたちはラギ（シコクビエ）を食べていたねえ。ラギはサンガティ（練り団子）にして食べるんだ。確かにこちらの方が身体には良いんだよ」と教えてくれた。特に農家の人たちは、自らは換金作物の米作をしていても、普段の食事は雑穀中心だったという。これには単に安かったという理由以外に、「雑穀は腹持ちがよく力がつく」と思われていたからでもある。

ラギ・サンガティを作るには粒状のラギをルブ・ロウと呼ばれる大きな石臼で製粉しなければならないが、この重労働は家庭の女たちの役割だった。あるいはペサラットゥ（緑豆ペーストを焼いた軽食）を出す店に入りたての新人が、最初にやらされる仕事がルブ・ロウの手回しだったという。今では電気式の石臼が飲食店にも家庭にも常備されるようになり、ルブ・ロウ回しはもはや昔の風習となった。

とそんな昔話を聞いているうちに、ボトルの中のウイスキーはゆっくりと減っていった。部屋の片隅には古く大きな音響機器が鎮座している。お父さんの趣味はこれで西洋音楽を聞くことだ。西洋音楽の趣味を持つ人はインドでは珍しい。たいていのインド人はインドの音楽しか聞かない。

経済成長にともない昔の文化をことさら美化する風潮が何かと議論を呼ぶ昨今のインドで、かつての食文化を迷信じみた美徳や根拠のない健康法と結びつけて語るインド人が多い中、科学的で客観的に語ってくれる元医師のお父さんの話は明解で、まるで良質のウイスキーのように、渇望する好奇心に深く沁みていった。

アーンドラ人の葉皿イメージ

インド料理好きというよりも、むしろインド料理「店」が好きなのかもしれない、と自覚することがある。とりわけ老舗と呼ばれるような、古くから続いている渋い店に昔から目がない。ペンキの手書き看板、額ぶちに入れられた先代・先々代の白黒写真、現地語だけの壁メニュー、使い込まれたイスとテーブル、年老いた給仕、入り口脇にデンと座る仏頂面の店主……。そういう一つひとつの構成要素に、まるで観光客がその土地の歴史的建造物に感じるような不思議な魅力を感じて、料理が運ばれてくる前からたまらなくなる。逆にこれが新しくピカピカな店だとなんとなく落ち着かない。どんなに料理が美味しくても、妙な居心地の悪さを感じて食べ終えるとそそくさとお会計を済ませてしまう。

そんな老舗巡り好きな私が、アーンドラ・プラデーシュ州に行くと必ずといっていいほど立ち寄るのがカキナダにあるスッバヤ・ガリ・ホテルSubbayya Gari Hotelだ。もちろん味がいいのが一番の理由だが、まるで映画のセットのような、昔のままの内外装を見るのも大きな楽しみとなっている。

先代によって1950年代に創業されたこの老舗食堂は、その後三人の息子に継承されたものの分派して、それぞれが同じ敷地内に並んで別個の食堂を建ててしまった。創業した店舗をそのまま継承

郵便はがき

料金受取人払郵便

麹町支店承認

6246

差出有効期間
2024年10月
14日まで

切手を貼らずに
お出しください

1 0 2 - 8 7 9 0

1 0 2

［受取人］
東京都千代田区
飯田橋２―７―４

株式会社 作品社
営業部読者係 行

【書籍ご購入お申し込み欄】

お問い合わせ　作品社営業部
TEL 03(3262)9753／FAX 03(3262)9757

小社へ直接ご注文の場合は、このはがきでお申し込み下さい。宅急便でご自宅までお届けいたします。送料は冊数に関係なく500円（ただしご購入の金額が2500円以上の場合は無料）、手数料は一律300円です。お申し込みから一週間前後で宅配いたします。書籍代金（税込）、送料、手数料は、お届け時にお支払い下さい。

書名	定価　　円	冊
書名	定価　　円	冊
書名	定価　　円	冊
お名前　　TEL（　　）		
ご住所 〒		

フリガナ
お名前

男・女　　　　　歳

ご住所
〒

Eメール
アドレス

ご職業

ご購入図書名

●本書をお求めになった書店名	●本書を何でお知りになりましたか。
	イ　店頭で
	ロ　友人・知人の推薦
●ご購読の新聞・雑誌名	ハ　広告をみて（　　　　　　　　）
	ニ　書評・紹介記事をみて（　　　　　）
	ホ　その他（　　　　　　　　　　）

●本書についてのご感想をお聞かせください。

ご購入ありがとうございました。このカードによる皆様のご意見は、今後の出版の貴重な資料として生かしていきたいと存じます。また、ご記入いただいたご住所、Eメールアドレスに、小社の出版物のご案内をさしあげることがあります。上記以外の目的で、お客様の個人情報を使用することはありません。

したのは長男で、当時のままの内外装や厨房を見たい私がよく訪れるのはここだが、最も人気が高くいつも混んでいるのは実はその隣にある次男の店だ。先代の頃まであった「支店を出さない」という不文律が、跡を継いだとたんにハイデラーバードやベンガルールに支店を出して破られてしまったことも兄弟間の確執を強めている原因だろう。それぞれの店舗の従業員同士も、互いに微妙な膠着状況に陥っている感が否《いな》めない。

そんなスッバヤ・ガリ・ホテルで個人的にとても面白いと感じているのは、そこで使用される皿である。ほかの多くの食堂同様、スッバヤ・ガリ・ホテルの客席はエアコン付きのA/CルームとエアコンなしのNon-A/Cルームにわかれていて、提供されるミールスには価格差がある。当然、A/Cルームの方は値段が高く、Non-A/Cルームは安い。内容も多少違うらしいが、料理そのものはNon-A/Cルームのものでも十二分に美味しい。問題はそこで使われる皿である。

高価なA/Cルームの方で使われているのはバナナの葉を模した紙皿が使われていて、一方安い方のNon-A/Cルームでは本物のバナナの葉が使われているのだ。しかしどうしたって本物のバナナの葉の方が高級感があり、紙皿の方はややチープな感じがする。不思議に思って何人かの客や店員に聞いてみたところ、こんな答えが返ってきた。

「われわれにとって（本物の）バナナの葉というのはあまり珍しくない存在。むしろ日常性を感じさせるんです。一方、紙皿は工業製品じゃないですか。いつもと違う感じがするんですよ」

最新鋭の工業技術によってリアルで精巧に作り出された紙皿は、「進取の気風」を象徴した「機械文

1950年代に創業した
スッバヤ・ガリ・ホテル店内

バナナの葉の上に
さまざまなおかずが置かれる

上：高価なA/Cルームの方で使われているバナナの葉を模した紙皿
下：エルールのアッパララジュー・ガリ・ホテルで見た、タテに敷かれたバナナの葉

明の証」であり、新しもの好きなアーンドラ人の気質に合致したのかもしれない。

ほかにも、「バナナの葉には、特に真ん中の葉脈の間に小さなゴミや虫が混入していることがある。もちろん店でも客に出す前に洗浄し、客もまたテーブルに置かれるやコップの水でサッと拭いてるが、紙皿にははなからそんな心配はないんです」と教えてくれたアーンドラ人もいる。

しかし、だからといって本物のバナナの葉がアーンドラ人の食にとって取るに足らない存在かというと決してそんなことはない。例えば、熱々のライスやチャールー（汁物）が載せられた時に、湯気と共にモワッと顔面に漂ってくる芳香が、食欲をくすぐる大切な要素の一つだと強く主張するアーンドラ人もいるからだ。日本に置き換えると、天然木で作られたお椀で汁物を飲む時に感じる、淡い木の香りに対する感覚に近いだろうか。

指摘されるまで、私は食べ物をのせた時に葉から香りが発するなどとは意識したことがなかった。アーンドラではバナナの葉以外に、ダーク（ハナモツヤクノキ）の葉を細枝で編んだヴィスタラク（葉皿）を食事の際に用いるが、これもまた、熱々のペサラットゥやボンダを載せられた時に発する芳香が食欲をくすぐるのだとか。つまりアーンドラの人々は葉皿の色味や手ざわり、風味をすら感じながら食事をしていることになる。なんと風流なのだろう。では、そんな鋭敏な感覚を持ちあわせているのになぜ、紙皿を使い続けるのか。やっぱり疑問はとけない。

もう一つ、アーンドラ人の本物のバナナの葉に対する独特の価値観を感じさせる光景をみたことがある。それはアーンドラ州中部のエルールという小さな街にある、アッパララジュー・ガリ・ホテル

Appalaraju Gari Bhojana Hotelという古い大衆食堂を訪れた時だった。階段を昇って薄暗いダイニングホールに入ると、無造作に並べられたテーブルにエビのイグルーや魚のプルスなどのノンベジ料理がバナナの葉の上に置かれ、客たちが美味そうに食べている。問題はその葉だ。よく見ると、客たちの前に置かれたバナナの葉の向きはてんでんばらばらになっていた。

一応、バナナの葉の置き方には決まりがあって、（一枚ものの葉の場合）葉の先端部分が左、葉柄（根元に近い方）が右の横向きが正しい、というのはタミルに行くとよく聞かされることである。タミル人は一枚のバナナの葉には頭があると考えている。先端部分が頭である。ティファンなど軽食の場合でも、アーンドラだと前述のヴィスタラクを使う場合が多いが、タミルではバナナの葉を用いることが多い。ただその際、一枚のバナナの葉だと大きすぎるので、小さく裁断加工したものも売られている。バナナの葉業者もさまざまなニーズに応えるべく、ステンレス製のタッティー（皿）の内側にきれいに収まるように円形に加工することもある。ただし、ことミールスに関する限り、一枚ものの「頭のついた」バナナの葉が好ましいとタミル人は思っている。おそらくこれは、婚礼宴などの宗教儀礼がともなう宴の場で出される食事がミールスの一つのルーツだからではないかと推測しているのだが、同じように考えるアーンドラ人も少なくないはずだ。

ところがアーンドラのアッパララジュー・ガリ・ホテルで見た光景は、そんな常識を見事に打ち砕いてくれた。サーブ係は細いテーブルに合わせるようにタテにもヨコにもバナナの葉を並べていき、客は客でそれを直すでもなくそのまま食べている。母娘で来ていた二人連れは、お母さんがヨコ、娘はタテにバナナの葉を置き食べていた。こんな食べ方を保守的なタミル人が見たらどう思うのだろう。

「その食べ方は間違ってますよ」とでもいうのだろうか？

一口に「南インドはバナナの葉で食べる」といっても地域によりかなり価値観に開きがあるのはインドらしいというべきか。それどころか、そもそも紙製のバナナの葉で食べる方をよしとする人たちすらアーンドラにはいるのだ。インドの多様性を感じさせる現象ではあるが、かといってそれが固定された価値観でもない。やがてスッバヤ・ガリ・ホテルのA/Cルームでも本物のバナナの葉が敷かれる日がくるかもしれないし、逆にNon-A/Cルームが紙皿になる日がくるかもしれない。この辺の、いい意味での融通無碍こそがアーンドラの居心地のよさを成り立たせているのかもしれない。

BENGALURU ベンガルール❶

IT系料理男子のキッチン

「男子厨房に入らず」は「男たるもの外で大きな仕事をするもので、台所に入って料理などすべきでない」(広辞苑)といった意味で使われる。一昔前の日本で使われたいい回しだが、この価値観はそっくりそのままインドに当てはまる。ジェンダーによる役割の差が大きいインドでは、古来男と女の役割や仕事の間に高くて分厚い壁が存在するのだ。

インドでは現在でも、家庭で厨房に入り料理を作るのはまだまだ女性の役割とされているように見える。とりわけ保守的な北インドには「チャパーティーを上手に焼けなければ嫁には行けない」という言葉まである。日本人だったら少し心配になるぐらい「お母さんの味」を理想視するインド人男性も多い。つまりまだまだインドでは「男子厨房に入らず」という価値観が生きているといえる。

ではお母さんのいる実家から必然的に離れ、学業や仕事のため単身で暮らしている男子たちは日々の食をどうマネージメントしているのだろう。もちろん外食中心という人もいるだろうが、社会通念に反して「男子厨房に入ら」ざるを得ない人もいるのではないだろうか。インド男子が慣れない包丁を持ち、どんな料理を作っているのか。どんな台所でどんな調味料を常備しているのか、もしくはいないのか。作る料理は果たして食べられるものなのか。そんなことを想像しているうちに、むくむくと興味が湧いてきた。彼らの台所を訪問してみたい……。

幸いなことに伝手はすぐに見つかった。ベンガルールのIT企業で働く知人の日本人K子さんから紹介された、コルカタ出身のアミットさんである。K子さんの同僚で、独身の彼は勤務先近くのフラットの一室で一人暮らしをしている。仕事を終えたアミットさんを勤務先まで訪ねて行くと、ジーンズに少しシワのよったシャツ姿、髪の毛はボサボサでやや小太りな体形に育ちの良さそうな笑顔という、絵に描いたような若手インド人IT技術者が現れた。この外見の中に、理数系にめっぽう強い超ハイスペックな頭脳が収められているのである。

会社から徒歩10分のアミットさんのフラットへと同行する。さすがは今をときめくバンガロールのIT技術者だけあり、地上5階建て・守衛つきという立派な物件の最上階に住んでいた。ドアを開けるとあまり使われてなさそうな真新しいエアロバイクがポツンと置かれただけの殺風景な部屋と、デスクトップパソコンを置いた寝室兼仕事場を含めた3DKという間取り。つい最近まで同僚と二人暮らしをしていたという住居は、確かに一人暮らしには不釣り合いなほどの広さだった。窓の外は昼なら見晴らしがいいのかもしれないが、夜なのであまり眺望はなく、アミットさんもそんなことに関心なさそうだった。

一昔前のインド男子の単身都会暮らしといえば基本的に寮生活か下宿で、食事やまかないが付いていた。今でもそれが主流である。その一方で、アミットさんのような単身で生活する人たちもまた増えていった。大まかな節目は2000年代に入ったあたりかららしい。ベンガルールやプネー、ハイデラーバードなどのIT先進都市は目覚ましい成長を遂げ、そこで働く単身者が各地から集住するようになった。彼らは学生や出稼ぎ労働者とは違い可処分所得が高く、食に対する様々なオプションを選ぶことができた。もちろん数人でルームシェアして掃除や洗濯などもする通いの家政婦を共同で雇うケースもあったが、そうしたことにわずらわしさを感じ、自身の身の回りの雑事をこなすことに抵抗を感じない新たな層も現れてきた。

テクノロジーもその風潮を後押しした。食品メーカーの出す、肉、魚、野菜といった料理別に配合されたマサーラーはいうに及ばず、レトルト食品や冷凍食品の種類や点数も飛躍的に増えた。例えばITC Foods Ltd.が出しているKitchen of Indiaというブランド名のレトルトカレーは、２００４年には4種類しかなかったが、２０２３年現在は27種もの商品がラインナップされている（同社ホームページから）。現在、スーパーの棚には美味そうな調理写真をパッケージにしたレトルトカレーの箱であふれている。MTR、Gits、Kohinoorといった老舗のメーカーに加え、Meggiブランドでスパイス味の即席麺を販売するネスレなどの外資も参入して年々競争も激化。このレトルト食品市場は、２０２１年から26年の間に毎年18％の成長が見込まれている。こうした簡便で味も向上している充実したレトルト食品群が、単身者らの食生活に貢献していることは間違いない。

さらにテクノロジーの進化は加速する。ネット型出前ビジネスの隆盛である。今やインドの街中ではZomatoやSwiggyのロゴの入ったポロシャツを着た配達員の姿を見ない日はない。この2社が出前ビジネス業界の最大手である。日本でも昨今ウーバーイーツの配達員の姿をよく見かけるが、インドの都市部の比ではない。実はこうした出前ビジネスの利用者急増にはインドならではの理由がある。近年でこそかなり変わってきたが、まだまだ「女性の自由な外食」に対する制約が多い国柄。特に一人

上：瀟洒なフラットの最上階へと案内してくれるアミットさん
下：現在は一人でこのキッチンを使っている

冷蔵庫は思いのほか充実していた

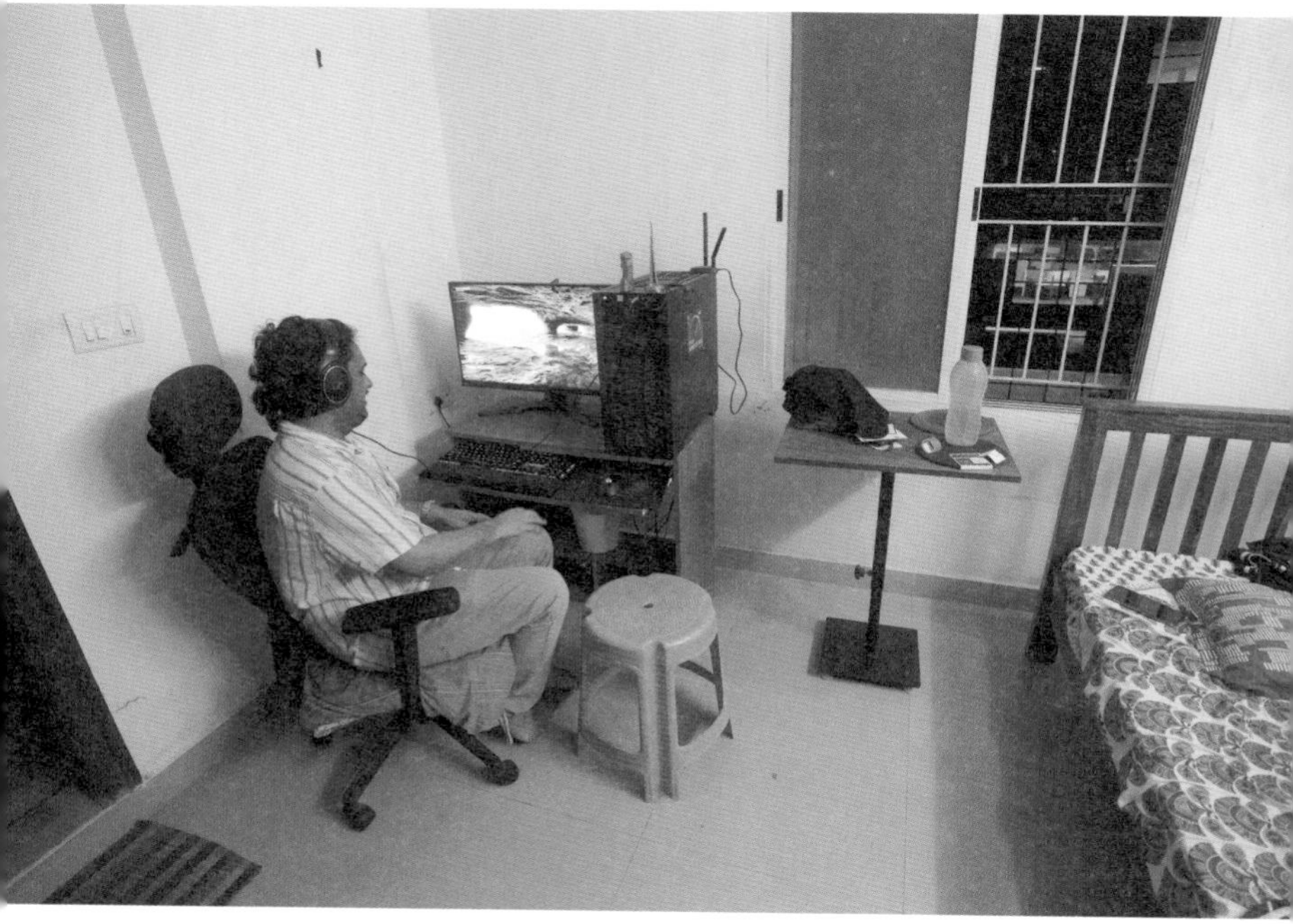

作った料理は仕事部屋でパソコンを見ながら食べることが多いという

でふらりとインド人女性が大衆食堂に入るなどは想像しがたい。出前はインドの国情に合ったビジネスなのだ。もちろん、部屋と会社を往復する単身男子にとってもメリットは大きい。おかげで都市部の出前の多い大型店の店先は、注文の出来上がりを待つ配達員がいつもあふれている。

さて肝心のアミットさんだが、こうした「料理をしなくてもいい」環境にありながら、意外にも充実したリアル台所ライフを楽しんでいる。きっかけはコロナだったという。人口の多いインドは世界的にも大勢のコロナ感染者を出したことで知られる。その初期には厳しいロックダウンも施行された。「自宅での勤務が続いて、気分転換を兼ねて料理を始めたんですよ。やり出すと結構面白くてね」

そういってキッチン台の下の引き出しをガラッと開けると、そこにはさまざまなホールやパウダーのスパイス類やマサーラー類が収納されていた。これはつね日ごろ料理をしている人のキッチンだ。聞くところによると特に理数系男子とインド料理の相性はいいらしい。スパイスの微細な配合が慣れ親しんだ数式とリンクするのだそうだ。

かつて、特に海外に単身赴任したインド人男性らは国際電話でお母さんに料理の手ほどきを受けながら苦労して自炊した。一方現代のインドでは、YouTube上で華のある講師がピカピカのキッチンスタジオで収録したクッキング動画から、田舎のおばちゃんが自宅の薄暗い台所で性能の悪い携帯を使って撮った調理動画まで無数に見ることができる。人口大国だけあって再生回数が多く、高評価もたくさんついている。アミットさんも地元のベンガル料理の動画を見ることもあれば、それ以外の地域の動画をその夜の料理の参考にするのだという。

最新のテクノロジーを駆使しつつ、息抜きとしての調理を楽しんでいる姿は、これぞ現代のハイスペックＩＴ男子の面目躍如といえる。「男子厨房に入らず」といった旧い価値観を、テクノロジーによって軽やかに超えた「ネオ」インド男子の出現を目の当たりにしたようで、コーヒーを沸かしてくれるアミットさんのシワのよったシャツ姿が妙にまぶしく感じられてならなかった。

豊穣なるファイブスター・ホテル

ベンガルールは好調なインド経済をけん引する原動力のような街である。デリーが政治の中心、ムンバイが経済の中心といわれるが、インドのシリコンバレーたるバンガロールはIT産業の中心であり、チャンスを求めてインド中からヒト・モノ・カネが集まってくる。

IT長者やセレブたちの商談や宴席の場となるのがファイブスター・ホテルである。ベンガルールにも当然ながらインドを代表するファイブスター・ホテルがあるが、大衆食堂ばかり食べ歩いている私には縁もゆかりもない世界。しかしそんな一般庶民が立ち入れない、非日常的な厨房内部がどうなっているのか、時には気になるものである。

そこでベンガルール在住の古い友人、後藤さんに相談してみた。彼女はバンガロールであずきビストロ Azuki Bistro という日本料理店を経営する傍ら旅行会社も経営していて、日本からのツアー客の手配をする関係でこうしたホテルのマネージャークラスに知己が多いのだ。

「アポが取れましたよ」数日後に後藤さんから届いたメールを見て、私は思わず身震いした。そこには、あの有名な「タージ」と「オベロイ」の名があったからだ。

初日はタージ・ウエストエンドTaj West End, Bengaluruへ。現在、ベンガルールには合計四つのタージ系列のホテルがあるが、そのうち最も歴史が古く、格式の高いホテルである。もともとは英領統治下の1887年にイギリス人女性によってはじめられた小さな下宿が発祥で、1984年にタージグループの所有となった。物件としての設立年だけみれば本家のムンバイにあるタージマハル・ホテルよりも古い。

タージ・ウエストエンド内のレストランもこうした長い歴史に裏打ちされた重厚感や正統性を求めて訪れる客が多く、その個性が内装や料理、サービスにも反映されている。ゲートをくぐると、広大な敷地にはよく手入れの行き届いた庭園があり、木々に囲まれた奥にアーチ形のエントランスが印象的なファサードが現れるという、いかにもコロニアルな造成だ。

出迎えてくれたエグゼクティブ・シェフのリシ・マヌチャ氏はウッタル・プラデーシュ（UP）州出身。タージ・ウエストエンドにはインド料理を提供するMachan、中華などアジアン料理を提供するBlue Ginger、バーのBlue Barがあるが、このうちリシ氏はMachanを統括している。調理師学校を卒業したあとコルカタのタージ・ベンガルなどで経験を積んだのち、ベンガルールでエグゼクティブ・シェフの地位に昇進。流れるような英語は、訪れる外国の要人客などへの料理説明に十二分に生かされている。

チキン・ビリヤーニーやマトン・チャープ、カバーブといったコース料理を実際にいただきながらリシ氏に話を聞く。こうしたクラシカルなインド料理に、リシ氏は確固たる信念を持っている。それは自身が北インド出身であるところも大きいようだ。

「やはりインド料理の中心は北インド料理だと思っています。特にわれわれのようなホテルの料理というのは歴史と格式を重んじます。過去の料理の歴史を振り返っても、タージで提供するに足る正統性を持った料理となると、ムグライーやアワディー（北インド・旧アワド藩王国の宮廷料理を範とする外食料理）に行きつくのです。もちろんフュージョナルな料理や、さまざまな外国料理のフレイバーを加味することはお客様を楽しませる上で重要ですが、それはあくまでもわれわれの国のスタンダードな料理と技術を充分に身につけた上での話です」

南インド料理など、北インド料理以外の料理も最近はクローズアップされることが多いが？　と尋ねるとこう返ってきた。

「もちろんインドには各地に優れた料理文化があります。外国のスタイルばかりを手本とするのではなく、これらの要素をアレンジして取り入れることも重要です。例えば、朝食に南インドのティファンを出すのはもはやホテル業界のスタンダードです。また、われわれタージはインドの各地に支店がありますので、その土地の料理も取り入れています。

とはいえ、インドのホテル料理の実に80％がムグライーやアワディーともいわれています。これがわれわれの伝統ですし、これをいかに継承し、発展させるかがホテル・シェフとしての自分の役割だと思っています」

翌日はオベロイ・ホテルのベンガルール支店であるザ・オベロイ・ベンガルール The Oberoi, Bengaluruへ。１９９２年に竣工、総客室数は１７６室。プールのある中庭からみると、ファサードには階段状の円形バルコニーが並ぶモダンな外観。庭園だけでなく、それぞれのバルコニー内には鉢植えが置かれ、全体的に緑で包まれた構造となっている。創業者M・S・オベロイによって1934年にヒマーチャル・プラデーシュ州シムラーで開業したオベロイ・ホテルは、インド全土および中東諸国に32の支店を展開する、今やインドを代表するファイブスター・ホテルである。

ここでヘッド・シェフを務めるのはヒテーシュ・パント氏。彼もまたUP州出身の北インド人だ。外見からはまだ20代にも見える若々しいヒテーシュ氏は、挨拶もそこそこに厨房を案内してくれた。実は前日のタージでも同様に厨房見学を申し出ていたがNGだった。オベロイは逆に写真撮影どころかスタッフからレシピを聞いてもらっても構わない、という。この点タージとはきわめて対照的だ。

オベロイもまたタージ同様、提供する料理ジャンルによって店舗を分けていて、インド料理とコンチネンタル料理、洋菓子類を提供するLapis、スシなどフュージョン系の日本料理を中心としたWabi Sabi、タイ料理を提供するRim Naam、バーのThe Polo Clubが内側のプールに沿って並ぶ。

店舗は別でもキッチンは集中していて、横に長い厨房内は、それぞれインド、中華、中央に洗い場を挟んで、タイ、日本、ベーカリー、コンチネンタルの各セクションが並んでいる。もちろん、それぞれのスタッフの持ち場や担当は決まっているが、忙しい時は互いのセクションを手伝うこともあるという。立派で手入れの行きとどいた二台のタンドール[37]を前に、インド料理セクションのスタッフたちはチキンのマリネだとか、各グレービーの配合などを明るく教えてくれたりする。日本料理のセクションではスシの味見を頼まれた。これらのスタッフ、とりわけ各セクションの主力となる幹部候補生たちは、調理の専門学校を優秀な成績で卒業した若者ばかりだ。皆、白いコック帽をかぶってキビ

上：タージ・ウエストエンドのエグゼクティブ・シェフ、リシ・マヌチャ氏
下：タージ・ウエストエンド内のインド料理店 Machan

上：ザ・オベロイ・バンガロールのヘッド・シェフ、ヒテーシュ・パント氏
下：ザ・オベロイ・バンガロールの厨房

キビ働いている。

オベロイでも、提供してくれた料理を前に、ヒテーシュ氏は自身のインド料理観を語ってくれた。まずは前菜。白い陶器皿の上に、東西南北インド各地の一品料理が小さなポーションできれいに並んでいる。

「最近では地方の料理文化が脚光を浴びています。お客様も詳しい知識を持った方が多い。前菜にそうした料理をお出しすることで、オベロイの幅広さを堪能していただいています。

各地の料理は最近ではネットでも詳しい情報を得られるようになりました。インド各地にオベロイは支店があるので、その地方のスタッフたちが自分の足で各地を歩き、実際に食べて確かめ、会議を経てメニュー化しています」

トレンドをリサーチし、常に新しいメニューの提供を心がけているが、伝統的なインド料理についてはどう思っているのだろう。

「伝統は確かに大切です。しかしそれだけだとどうしてもマンネリになってしまう。ウチは3か月に一度、幹部らを集めてメニューを検討する会議を開いています。動きがないものをそこでふるいにかけるのです。そして新たな料理をメニューに加えていきます。

欧米の料理の影響についてですが、オベロイのテーブルには最初からナプキンにナイフとフォーク、スプーンがセットされているでしょう。つまりホテル式のインド料理とは発祥の段階で西洋の影響を強く受けているのです。ただし料理の中にどれぐらいそれを取り入れるかはセンスが問われます。多くても少なくてもいけない」

メインディッシュは昨今注目される、「モダン・インディアン」と呼ばれるタイプの料理だった。色鮮やかな青い陶器皿に盛られているのは、マトンを一度骨から外し、ミンチ状にしてマサーラーやガーリック・チップをまとわせ、再び骨につけ戻して揚げ焼きにした、何とも手の込んだカバーブ。アワディー料理のガローティー・カバーブを大胆に新解釈したものだ。

クラシカルなタージとはきわめて対照的なオベロイの革新性。同じファイブスター・ホテルの間で、両者の差がここまで大きいとは知らなかった。しかしその大いなる差こそ、インドのホテル文化の豊穣さなのだろう。

Column

マンナル

インダス文明からの伝統を受け継ぐ人たち

インドには、東西南北のどこかにたいてい金属加工とその製品化を主要産業にしている街がある。そして必ずしもそこが金属の産地であるとは限らない。例えばダイヤモンドはアフリカで産出するが、インドはその研磨加工で世界的に有名なのと同じである。

ケーララ州南部にあるマンナルもそんな街の一つ。鉄道駅すら通っていない小集落だが、街の真ん中を南北に走る国道の両側には真鍮・青銅製品を扱う販売店がずらりと並んでいる。特に目立つのは灯明を灯すための背の高いニラヴィアックやアールティー・ヴィラックといったヒンドゥー教徒が使うきらびやかな儀礼用品で、人目を惹くように店頭に陳列されている。もちろん真鍮や青銅という素材で食器・調理器具を製造することもあるが、今やそれらのほとんどはステンレスやアルミ、あるいはプラスチックといった廉価な製品にとってかわられている。伝統技法を用いた真鍮や青銅製品は神具・法具といった特別な用途で使うものにほぼ限られているのが現状だ。

マンナルの街に並ぶ神具・法具の販売店は製造所も兼ねている。どこも店から数キロ離れたところに自社工場を持っているのだ。真鍮や青銅製品の製造過程に興味のある私はふらりとその一軒を訪ねてみた。と、ここで重要なことに気がついた。こんなケーララ州の小さな街の、そこからさらに奥まったところにある製造所である。伝統技法を受け継ぐ職人たちには英語はおろかヒンディー語も通じないに違いない。一体どうやって会話すればいいのか……。

そんな心配をしながらココナッツの茂る赤土の小道を奥に歩いていくと、森の中から古い工場が見えてきた。規模は小さいが門の前には警棒を持ったガードマンまでいる。来意を告げようとしてその顔をみるとケーララ人の顔じゃない。明らかにモンゴロイド系である。

「失礼ですが、あなたはどちらの方ですか？」

「俺か？　ネパールだよ」

こんな場所にネパール人が。そこで日本のネパール料理店仕込みのカタコト・ネパール語で話しかけてみる。すると異郷の地で自分たちの母語を話すヘンな外国人を面白がってくれたのか、好意的に招き入れてくれた。日本のネパール料理店も通っておくものである。

陽気なガードマン氏に案内されて作業場に入ると、ルンギー姿の年輩の男たちが土と火だけで金属製品を作り出す、まるで太古の宗教儀礼のような光景が目に飛び込んできた。製造しているのは主に真鍮製のヒンドゥー教の神具・法具で、脱蠟法という古代から続く技法が用いられている。脱蠟法とは最初に蠟で作った型を土で覆って乾かし、次いでその蠟を熱して溶け出させたあとの空洞に、溶かした真鍮を注ぎ込む技法である。周りの土をはがすと当初蠟で作ったのとまったく同じ形状の真鍮製品が出来るという仕組みだ。インダス文明の時代から見られる古い製法だが、4000年前の技法が今でもインド全土で実用されているのはただ単に伝統保護という目的というより、それ以上発展させる必要がないほど完成されたものだったからかもしれない。

作業場には手回し式の糸巻き車のような木製の道具

が何台もある。ベテランの職人がこれに黒ずんだ蠟をセットし、回転させながら成形していく。納得のいく形になるまで何度も何度も回転させる根気のいる仕事だ。数時間後、ようやく蠟の成形が終わると今度はそれを泥土で覆っていく。作業場そのものが柔らかい土の上にあり、見ようによっては大の大人が泥んこ遊びしているようにも見える。泥土が固まるまで数日間置いたあと、中の蠟を溶かしその空洞に溶かした金属を流し込む。この金属は古い真鍮を細かく破砕してコップ大の小さな坩堝に入れ、下からフイゴで風を送って加熱して溶解させたものだ。その金属が固まるまでさらに数日間待ち、泥土をはがしてようやく一つの製品が完成する。

この工程をマンナルの職人たちはすべて手作業で行う。高熱の金属を扱う危険な仕事でもあり、作業効率を考えると気の遠くなるような仕事でもある。機械化や合理化しなかったのは、製造しているのが信仰に使う神聖な道具でもあったからだろうか。ただそれも現在消滅の危機に瀕している。理由は効率化や技術的な問題ではなく、職人の高齢化である。インダス文明以来脈々と続く技法の継承者が今、いなくなりつつあるのだ。せっかくの伝統技法が失われてしまうのは部外者の眼からするとはなはだもったいない気がするが、しかしまったく希望がないわけではない。

高齢化したケーララの職人たちに混じって、見慣れたモンゴロイド系の若者がチラホラ見える。ガードマン氏同様、金属工芸職人として働く若いネパール人がいるのだ。作業に不慣れな新人君はベテランの職人たちにマラヤーラム語で怒鳴られつつも、言葉がまだ不自由なせいかあまり応えてなさそうに土を捏ね、泥まみれになって金属製品と格闘している。仮にそれが故郷へと仕送りするためという単なる出稼ぎ仕事だったとしても、「結果的に」ケーララの伝統を保存する役割をネパールの若者たちは担っているのだ。

東インド

EASTERN INDIA

KOLKATA コルカタ ❶

「正しい」台所とは何か

英領時代のインドの首都だったカルカッタ（現コルカタ）はかつて「黄金のベンガル」と称された、高度に発展した経済と文化を誇るインド随一の大都市だった。しかし、独立後は隣国バングラデシュや隣州ビハールからの大勢の人口流入、左翼政権の長期支配による産業の停滞によりその地位は凋落。他の都市が順調に経済成長しているのに反比例して、かつての栄光からは想像がつかない痛々しいまでの負のイメージがつきまとっていた。

やがて2000年代に入ると、そんなコルカタにもようやく経済成長の兆候が現れる。林立する新しいビル、改装された明るいレストランが街なかにあふれた。訪れるたびに風景が上書きされ、表情を変えていったものの、英領時代の栄光を偲ばせる場所がまったくなくなったわけではない。とりわけ市内南部のタリガンジ地区には、古き良き「黄金のベンガル」の雰囲気が今でも色濃く残っている。うっそうと茂る巨木が旧家を覆う街並みには市内中心部の喧騒は伝わってこず、とても同じコルカタとは思えない閑静なたたずまいをみせている。このタリガンジ地区にある、とある集合住宅に住むムケルジーさん宅が今回の訪問予定地である。

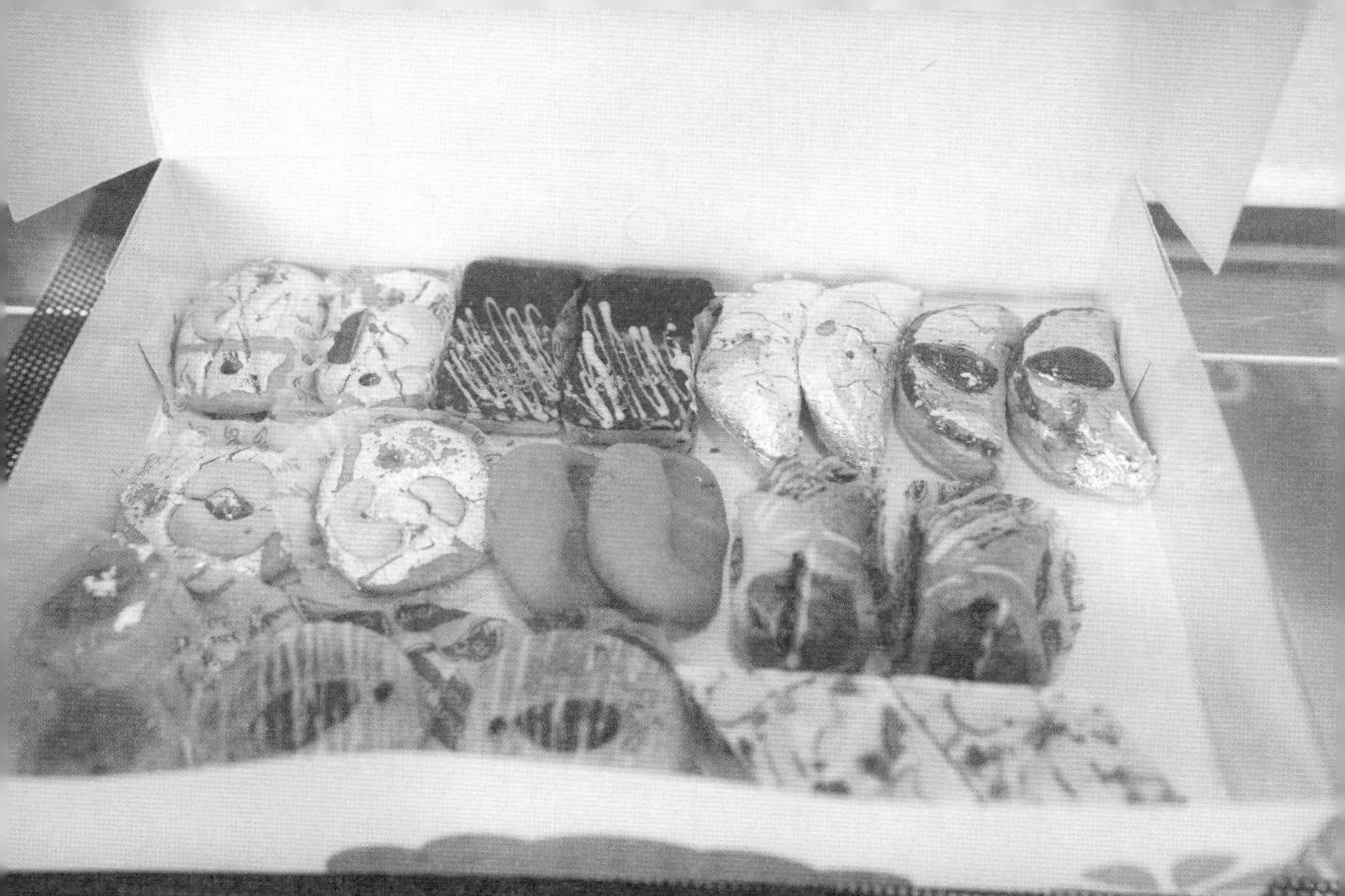

上：手土産にしたベンガル菓子の詰め合わせ
下：今もかまどで調理するムケルジーさん

ムケルジーさんはコルカタ在住の気心の知れた友人に紹介してもらった。その友人に、私はこんな条件をつけていた。

「なるべく古いスタイルの生活にこだわっているお宅。できれば今でもかまどで煮炊きしているようなお宅が見たいんだ」

顔の広い友人は「お安い御用」とばかりに関係各所を当たってくれ、すぐに彼の奥さん方面の知り合いというムケルジーさんを見つけ出してくれたのだった。

手土産を買いに近くの菓子屋に立ち寄る。ミシュティと総称される菓子類はベンガル人の何よりの好物だ。ガラスケースに陳列されたションデーシやチョムチョム、キール・カダムといったベンガル菓子を、予算をいくらと伝えておまかせで詰めてもらった。

菓子折りを手渡しつつムケルジーさんに挨拶する。タイミングよく彼女はちょうどかまどにかけたアルミ製のハンリ（鍋）で米を茹ではじめたところだった。漆喰《しっくい》の塗られた真新しいかまどは、集合住宅には不釣り合いなほど大変立派なものである。

「かまどはつい数か月前に作ったのよ。もちろん手作りでね」

ムケルジーさんの住居は集合住宅の一階。台所外の空きスペースに簡易屋根をつけ、その下に手製のかまどを設けている。素材となる粘土は、近くを流れるフーグリー河（ガンジス河の下流）から採れる泥だという。ちなみに、ベンガルの大地を彩るドゥルガー・プージャー祭の時の女神像もフーグリーの河底の泥から作られる。由緒正しい泥なのだ。

かまどにくべられている薪は古い家具や解体した家屋から出る廃材とのこと。適当な長さに切りそろえたものを一山いくらで買ってくるという。このへんに、周囲に森の広がる環境下で無限に燃料を伐採できる先住民族とは異なる、都市生活者ならではの苦労が見え隠れする。

室内では娘さんが土間にどっかとあぐらをかいて座り、ボティでジャガイモの皮をむいていた。ボティとは木製の土台に半月上の刃が固定された包丁で、ベンガル以外の地でも異なる名称で広く使われる台所用具である。家庭用のボティには先端にココナッツ削りのついたものが多い。ボティは床に座って片足で動かないように土台を固定し、野菜を両手に持って刃ではなく野菜の方を動かして切っていくのが正しい使い方。これだと日本のようなまな板は必要ないが、ザク切りだけでなくジャガイモの薄皮むきから玉ねぎのみじん切りまでこのボティ一台でこなしてしまう器用さには驚くばかりである。

こうして野菜の下処理が済むと、シル・ノラと呼ばれる石板と石棒のセットで挽かれてペースト状になった香辛料と共にコライ（鍋）でカラシ油の香りを漂わせながら薪火でゆっくりと炒め煮される。ムケルジーさん一家はこれを毎日、続けているのである。

「どうして、わざわざこんな生活スタイルを続けているのですか」

人里離れた山村やガス代にもこと欠くスラム街ならともかく、今われわれがいるのはコルカタという現代の大都会のど真ん中、それもタリガンジ地区という高級住宅街なのだ。経済的にも生活インフラの確保に不自由しない環境であるはずなのに、なぜあえて不便そうな調理生活を続けるのか。

「もちろん、家族の健康を考えてよ。ガスの調理より薪火の方が健康的だし、素材にガスの臭いが移らないから料理も美味しく仕上がるのよ」

上：ボティを使って器用にジャガイモの皮をむく
下：ムケルジーさん一家

このムケルジーさんの考え方は、20世紀に欧米で提唱されたスローフード運動にも通じるものだが、実はインドにはこうした考え方が欧米での流れとは別の文脈で古くから広く存在する。

例えばインド人の好きな「スロークッキング」という言葉がある。薪火や乾燥牛糞でゆっくり時間をかける伝統的調理法のことを指し、今でもインドではレシピに頻出するキーワードである。この「スロークッキング」された料理は単に味がよくなるだけでなく、健康によいとまで信じているインド人が少なくない。逆に、ガスで手早く調理した食べ物は身体によくないと発想する。

同じ理由で冷蔵庫も多用しない。今やどの家庭にも普及した冷蔵庫だが、インド人はせいぜいミルクや生菓子、または瓶詰の漬け物なんかは入れておくのだが、肉や野菜など生鮮食品は常温のものをなるべく冷蔵保存せずに使い切ってしまいたがる。一度、冷蔵（もしくは冷凍）保存してしまうと単に味が落ちる以上のダメージを食材に与えてしまうと考えているのだ。「冷えたものは身体によくない」という考えも根強く、20年ぐらい前までは瓶ビールすら常温で販売されていたのには閉口した。

あらゆる調味の素となるマサーラーを挽くのは便利な電動ミキサーではなく重いシル・ノラを手で動かす。床置き包丁のボティを使い続ける理由も同様だ。つまりこうした、なるべく科学技術に頼らない、反時代的ですらある昔ながらのやり方で調理することがインド人的には美徳であり理想なのだ。あたかもイギリス産業文明に糸車で対抗しようとした、かつてのガンディーの姿を連想させるが、その機運は近年むしろ高まりつつある。生活の不便さを解消するのが科学技術のそもそもの役割であり、その到達点の一つが台所にあふれる便利な電化製品であるはずなのだが、この合理主義にうしろめたさを覚え、「伝統的な不便さの中にこそ真理はある」と本気で考えるインド人が少なくないのだ。

不便さを美化するにはそれを肯定する強い思想が必要だが、インドの場合ヒンドゥー教がそれに該当する。といってもヒンドゥー教が必ずしも最初からそのような思想を持っていたわけではない。元々、現在のようなナショナリズムと結びついたヒンドゥー教は、イギリスの植民地支配に対するいびつなカウンターとして発展したといわれる。とりわけ宣教師たちが熱心に布教するキリスト教の教義は、それまでインド社会を永きにわたり宗教的に支配してきたバラモンたちにとって自らの地位を脅かす存在だった。宣教師たちに対抗するため、応戦側のバラモンたちは自分たちの教義を従来にない形で先鋭化させた。その過程で、本来存在しなかった、または拡大解釈された教義や思想が「ヒンドゥー教の伝統」という装いをまとって新たにインド社会に浸透していった。

そんな考え方が今のインドで広く受け入れられているのは、それなりの整合性やインド人の心の琴線に触れるところがあるからかもしれない。そのあたりのことを果たしてムケルジーさんなど本人たちはどの程度まで自覚しているのか。しかし議論好きなベンガル人にそんな話題を吹っ掛けるとちょっと面倒になりそうだったので、私はつい何もいわずやりすごした。

ビハーリー・マン・イン・コルカタ

コルカタにサダル・ストリートという一本の通りがある。1970年代〜2000年代初頭ぐらいまで、インドを旅する世界中のバックパッカーが泊まる安宿や屋台が集まり、滞在歴の長そうな、長髪にヒゲというういでたちでキメた旅行者たちが我が物顔で闊歩していた。そのバックパッカーの中にとりわけ日本人が多かったのは、コルカタの地理的要因に負うところが大きい。当時、タイのバンコク発の格安航空券でインドの地を踏むことの多かった日本人旅行者にとって、コルカタは最もバンコクから近い、したがって最も安く入ることのできるインドの玄関口だった。

そのサダル・ストリートに、特に90年代以降滞在した日本人旅行者の間でよく知られたインド人にナヴィンという男がいる。サダル・ストリートで生まれ育った彼は幼少期から日本人旅行者とまじわることでいつの間にか巧みな日本語を覚えてしまい、やがて絵葉書や民芸品などの土産物を販売する小さな屋台を出すようになった。外面上は丸っきりインド人的風貌なのに、勝手に覚えたコテコテの関西弁でまくし立てる達者なしゃべりを面白がる旅行者が周りに増えていき、その中の一人からつけられた「サトシ」という和名(?)によってさらに広く知られる存在になっていった。日本人旅行者の増加と共に商売は繁盛し、やがて結婚と同時にそれまでコツコツと貯めた金でコルカタ郊外に家を購入。現在では一男一女の子供にも恵まれている。

このナヴィンとは彼がまだ生意気盛りだった10代の頃からの付き合いで、当時健在だった彼のお母さんもよく知っている。ナヴィンの両親は隣接するビハール州北部の出身で、コルカタには彼らのように仕事を求めてやってくるビハール州出身者が大勢いた。コルカタ名物の人力車の車夫、タクシー運転手から食堂の厨房や屋台、工場や工事現場で働くような人たちはたいていがビハール州出身者だ。インド諸州の中で一、二を争うほど貧困率の高いビハール州の出身者は「田舎者」と同義の「ビハーリー」と地元ベンガル人に揶揄されながら、今日も大都会コルカタのどこかで額に汗している。ナヴィン一家は現在の彼の子供の代で在コルカタ3世代目。自宅も購入したし、もはやビハールに戻ることはない。彼のような、1960~70年代に両親の世代が田舎から出てきたのち自らの代で家を建て、さらに学生の子供世代を抱えているというのが現在コルカタに住むビハール州出身者の典型的な世帯例だろう。ではこうしたビハール州出身者世帯が、この大都会コルカタでどんな台所を持ち、どんな料理を作っているのか。世代間で食事や調理環境はどう変わってきたのか。いわば大都会における地方出身者の食と台所を、ナヴィン家を例にとって見ていきたい。

ナヴィンの両親がコルカタに出てきてサダルに落ち着いた1970年代、周辺は現在のように水道やガスなどがまだ行き渡っていなかった。水は毎日共同井戸からくんできたものをマトカー[65]に入れてその都度使い、ガスの代わりにかまどに薪をくべて調理していた。もちろん冷蔵庫などあろうはずもなく、例えばごはんなどは昼に少し多めに炊いて深皿に入れ、水をかけて保存したものを翌朝も食べていた。この水かけごはんは今でもビハールやベンガルの農村で見られるものだが、つまり大都会コルカタに出てきても基本的な生活スタイルはビハールの田舎にいる時と何ら変わらなかったのである。ナヴィンも幼少時代のこうした生活をよく覚えている。

「オカンが薪で炊いてくれたゴハンはメッチャ美味かった。それも水を入れた二日目のヤツが特にな」

少年時代の、おそらく美化された食の思い出話をこなれた関西弁で説明してくれた。ターリー[33]に米一粒でも残すとオカンに怒られたが、水かけごはんはごはん粒を残さずさらさらと啜るように食べられる利点もあったので、娘や息子にも食べさせようとしたこともある。

「そんなメシ貧乏くさいといって食べへんねん。せっかく作っても残してしまうんや」

オカン世代と娘たちとの世代間ギャップに揺れ動く、いまや立派な中年オヤジと化したナヴィンの戸惑いがうかがえる。

その後、子供だったナヴィン兄弟が外で稼ぐようになり、家の台所にはボンベが入りガスコンロが置かれるようになった。かまど調理からガスコンロ調理への変化とは、座り式調理から立ち式調理への変化でもある。かつてインドの台所仕事はピーダーと呼ばれる小さな腰掛けに座って行われていた。やがて台所に水道が引かれ、洗い場や排水口を備えたシンクがガスコンロ脇に備え付けられるようになる。欧米式の台所設備の導入である。一連の調理作業は必然的に立って行われるようになる。それに伴い、例えば前出のインドの包丁、ボティのように座って使う道具から立って使う道具へと器具が変容していった。

時代が下って、ナヴィンがコツコツと貯めた金で郊外に家を購入すると、その台所には最初から立つて作業するシステムキッチンが備え付けられていた。30〜40年前までは主流だった、「土間に座る式」の台所を新築の住宅に取り付ける人などもはや誰もいなくなった。作業効率的にも足腰への負担という点でも、一度立って作業する台所を経験してしまうともうかつての座り式には戻れない。もし今でもインドで座り式台所の方がいいという人がいるとすれば、ノスタルジーに浸りたい、日常的に調理作業をしない一部の男たちぐらいだろう。

現在のナヴィン宅の台所にはサダル・ストリート時代のような一口式のではなく、立派な二口式のガスコンロが備わり、不純物の多い水道水を濾過するためのフィルターが置かれている。また韓国メーカー製の大きな冷蔵庫がデンと鎮座するようになった。そのドアを開けると牛乳やダヒーなどの日常的な食材から、いただきもののバースデーケーキまでが雑多に入っている。こうした高額の電化製品はすべてローンだという。物のない幼少期を過ごしたナヴィンにとって、増え続ける電化製品はぜいたく品のように思えるが、「周りが皆、持っているのにウチだけないのはおかしい」と奥さんや娘にせっつかれてしぶしぶローンを組むのだという。

はた目には満ち足りた生活のように見えるナヴィンの生活だが、本人なりに悩みもある。例えば自宅で祝う子供の誕生日。どんなケーキにするか、どこで買えばいいかまですべて子供たちから指定されるらしい。

「スマホでケーキの写真撮って友達と自慢しあってるねん。ケーキだけちゃうで、何食べたとかどこ行ったとか全部やで」

昔はラス・グッラー（乳製品を使った伝統的インド菓子）一つで喜んどったのに、とぼやく。ナヴィンいわく、スマホの普及によってインド人の食生活はすっかり変わってしまった。友人たちが食べているものや行った店が可視化され、購買欲と承認欲求が刺激・増幅される。そしてより自慢できる派手な食べ物を求めるようになる。台所用品も同様だ。ガスや水道もない時代をついこの間のことのように感じるナヴィンは、急速に新しいモノが増えていく自宅の台所には違和感を覚えてしまうらしい。かといって彼自身は昔のスタイルに固執する頑固な旧世代というわけでもない、と私の目には映る。ただ彼の娘の目にはどう見えているのかわからない。

古い価値観と新しい価値観とのはざまで揺れ動くナヴィンたちの世代。その後ろ姿からは、急激な時代の変化に翻弄されるインドの中年世代の悲哀が色濃くにじみ出ていた。

上：10代の頃から知るナヴィンももういい中年
下：ナヴィン宅の台所

彼の奥さんの手料理は美味い

ローンで買った韓国メーカー製の大きな冷蔵庫

路上生活者のキッチン

インドの他の街からコルカタに来て第一に圧倒されるのは、路上で垣間見える人々のリアルな生活ぶりである。屋台で飲み食いしているのはもちろんのこと、簡易コンロで調理していたり、夏ともなれば水くみ場で行水していたり、朝方歩けば毛布の上に寝ていたり……。単身者もいれば小さな子連れ世帯も、年輩者の姿もある。つまり日常生活のあるがままがむき出しに路上に展開されている。私は今まで、全国各地に住むインド人に苦労して事前のアポを取ったり現場で声をかけたりして台所を見せてもらってきた。中には宗教的理由により、決して部外者に自分たちの台所を見せまいとする頑《かたく》なな人たちにも会ってきた。それがコルカタという街の路上では、頼んでもないのに向こうの方から日常的な食事づくりや盛り付け、家族揃って食べているシーンまで、いともたやすく目に飛び込んでくるのでなんとも拍子抜けする思いがしたのだった。

インドにおけるコルカタという空間の特異性は、例えば街なかにあふれる屋台にフォーカスするとよりわかりやすい。一般的に、今でもインドでは屋台料理に対して否定的な意見が多い。「道端で調理されたものなど何が入っているかわからない」というのである。同様に「道端でものを食べる行為」もよくない。他人の目に晒される場で自らの欲求を満たすことは、とてもはしたない行為だと考えられているのだ。だからわれわれ外国人観光客が屋台で何か食べようとすると、「良識的な」インド人からたいていの場合止められる。

その良識がコルカタという街では希薄になると感じるのは、歩道や車道にはみ出さんばかりに設えられた屋台商売が大いに繁盛しているからである。屋台だけではない。路上で布やブルーシートで覆われたテントに住むホームレスも他の街より堂々としている。中には道の半分以上を占有したテントもあるが、通行人たちが文句をいうこともない。路上にはみ出した子供が毛布の上でスヤスヤ寝ていても、人々は平然とまたいで通り過ぎてゆくだけである。ではまったくの無関心なのかと思いきや、時おり乳呑み児を抱えた母親の前に小銭を置いていく紳士もいたりする。彼らはもはや街の風景に溶け込んでいる感じである。統計では、こうしたホームレスはコルカタに約15万人いるという。

街なかにとけ込み、あまりにも当たり前の存在と化しているホームレス。日常生活を全開放しているような光景を見ながら、一体彼らホームレスがどんな台所で煮炊きし、どんな食事を摂っているのかが知りたくなった。そこで市内に無数に存在する彼らのうち、チョーロンギー通りから安宿街として有名なサダル・ストリートに入ったあたりでテント生活している一団に声をかけ、料理話など聞かせてもらうことにした。

家族のように見えたが、一番年配に見えた老婆によると彼らは家族ではなかった。似たような境遇の人たちが身を寄せ合って暮らしているケースで、こういった例は少なくないらしい。いわれてみれば確かにそれぞれ別個のテントが三つほど、隣り合わせに建てられている。とはいえ彼女らの一団は、老婆から若夫婦、赤ん坊までそろっていて、いかにも家族然とした集団に見えた。

約60年も路上生活を続ける
アミーナさん

アミーナさんの生活用具一式

上：古布をパッチワークにしたベッドカバーは1枚2000ルピー
下：路上で米を炊く

老婆はアミーナさんという名のムスリマで、コルカタから南に下った南24パルガナ県の出身。幼少期に家族と共にコルカタに来たというが、驚くことに約60年もの間、路上生活を続けている。年齢こそ聞かなかったが、外見からしてほとんどの人生を路上で過ごしていることになると思われる。アミーナさんにも家族はいて、近くに住む娘が時々やって来るという。娘がホームレスでないのなら一緒に住めばとも思うが、深い事情があるのかもしれないし、今の自由気ままな生活が気に入っているのかもしれない。立ち入ったことは聞けなかった。

アミーナさんたちは各所でもらったり拾ったりした古布をパッチワークにして作ったベッドカバーやシーツを販売している。

「これはかなりの大作だよ。特別に2000ルピーでどうかね」

そう言うと、頼んでないのに自慢の作品を広げて見せてくれた。顧客は主にサダル・ストリートを歩く外国人観光客だったが、コロナで旅行客が激減し、この2年間で1枚も売れていないという。執拗にベッドカバーを売りつけようとするアミーナさんにタジタジとなりながら、話題を食と台所の方へと持っていく。

アミーナさんたちの一日はローティーを焼くことからはじまる。ローティーに必要なアーターはプラ容器に備蓄してある。歩道にあぐらをかき、ステンレス製のカトーター[42]と呼ばれる浅い鉢にアーターと水を入れて捏ねて生地を作る。ローイー（こぶし大に小分けにした生地）を木製のチャクラ[35]（台座）に載せ、ベーラン[62]（捏ね棒）できれいに薄く成形。それを路上の簡易かまどの上に置いて熱した鉄製のタワーで焼き上げる。この調理工程はインド人であればたとえ路上のホームレスであろうと、きらびやかな邸宅に住む上流階級であろうと等しく皆同じである。副菜は前日に手に入れた野菜か、それがなければやはりプラ容器に備蓄してある乾燥豆を水で戻して汁物にする。昼もほぼ同様だが、ローティーではなくごはんを炊く場合が多い。副菜にはたまに鶏や魚介類が並ぶこともある。「いつも食べてるわけじゃないんだけど」といいつつフタを開けてくれたアルミのハーンディー[60]（鍋）の中には、干した小エビの炒め物が入っていた。なかなか豪勢だ。一日のうち昼食が最もしっかりと食べる食事であり、夜は基本的に昼の残りを食べる。作った料理は基本的に鍋に入れたまま保存するが、もちろん冷蔵庫などないのでせいぜい翌日までしか保存はできない。

　では一体、これら食材を買う金はどうしているのか。外国人旅行者相手のパッチワークはこの2年で1枚も売れていないのだ。しかし他にもいくつかの収入源はあり、語れる範囲のものでいうと、例えば街を歩いて廃品回収してわずかばかりの現金に換えている。インドは廃品回収が盛んで、特に西インドのムンバイで有名なのがバンディベールと呼ばれる女性たちで、昼間、各家庭を回って古いサリーなどの古着をアルミの皿などと交換し、夕刻、集めた古着を買い取り業者の元へ持っていく。彼女たちは西インドの特定のカースト出身者だが、同様の商売は全インド的に見られる。アミーナさんのテントの傍らにも、廃品回収で集めたペットボトルが大量に置いてあった。

　給水場で米炊き用の水をくむ女性陣の姿をカメラに収めようとすると、日常生活のすべてを路上にさらけ出しているかのような彼女たちが今さらのようにキャッキャと照れる。その姿はどこか余裕があるようにすら見える。美化するわけではないが、60年もの間、アミーナさんたちの路上生活を可能にしているのはコルカタという街の懐の深さにほかならない。カオスのような無秩序の中、脆弱な生活インフラをものともしない、他所《よそ》では代えがたい居心地のよさがあるのではないかと、かまどで美味そうに吹きこぼれそうになっている白い米を眺めながら私は思った。

コルカタの中華系の台所

全世界にあまねく存在する中華街は、インドとて例外ではない。とりわけ英領下の首都だったカルカッタには、今もティレッタ・バザールおよびタングラと呼ばれる二つの地区に中華街が存在する。20世紀初頭には約2万人といわれた在カルカッタ中華系人口は、その後中印国境紛争などを経て最盛期に比べ約10分の1に減ったものの、それでもなお、この二つの地区はインド国内唯一の中華街として確かな存在感を放っている。

そんなインド在住の中華系が実際どんな台所でどんな料理を作っているのかが気になっていた。それも単に料理の味や作り方などではなく、世界有数の料理大系を持つ中華料理のどの部分がインド化し、どの部分がインド化しなかったのか。インドという環境下で必要な中華食材の入手ができない中、どのようにして自らの舌を納得または妥協させる味を創り出しているのか。その料理はどんな調理器具で作られているのか。さらには商業料理として開発された「インド中華」とはまた違った、家庭的なインド中華の姿も見てみたい……。

そこで、街の中華料理店や靴屋など華僑のやっている店を片っ端からまわって「あなたの自宅の台所を見せてもらえないですか?」と丁寧に聞いて回ってみた。しかし、誰一人としてオーケーが出ない。中には野良犬を追い払うようなそぶりでにべもなく拒絶する人までいた。この連敗続きにさすがに心が折れそうになる。確かに1962年の中印国境紛争勃発時には不当な容疑で当局に連行される中華系が多く、以降も断続的に続く両国の緊張状態下で部外者に対する根強い警戒心があるのは知っていたが、まさかここまでだとは……。

ただ彼らと直談判しているうちに、一口に中華系といっても顔のつくりや肌の色などが一様ではないことに気がつきはじめた。それは大まかに二系統あって、一つは中国本土や東南アジアの華人街でよく見たような、色白のいかにも中華系といった容貌の人たち。もう一つは肌の浅黒い、ネパールやブータンなどにいそうなタイプ。あとで知るのだが、中華系といえども結婚などにより同族内の「純血」を護っているグループと、現地の人たちとの混血が進んだグループとで見た目もかなり異なり、職種やコミュニティもすみ分けられているのだ。そして冷たく断るのは主として前者だった。そこで声かけの対象を浅黒い肌を持つ人たちに絞ってみると、7、8軒目にしてようやくひと組の親子が了承してくれた。あまりに連敗続きで彼らが「オーケー」といってくれたあともにわかに信じられなかったほどだ。

彼らはスンさんという中華料理店の元コック一家。「スンとはどんな字を書きますか?」と紙とペンを差し出すも「俺たちは漢字が書けないんだよ」と75歳になる旦那さんはすまなそうにいった。父が中国人で母はアッサム人、奥さんは父が天津出身の中国人で母はチベット人。旦那さんの父はアッサム女性との間に子供、つまり旦那さんができてすぐ妻子を置いてどこかに消えてしまった。だから父親の顔を知らずに育ったという。英領下のアッサムで茶のプランテーション農園が開拓されはじめたころ、イギリス当局は中国からの労働移民を積極的に募った。やがて中国人移民たちは地元女性らと結婚し定住したという。スンさんの父親もそうした一人だったのかもしれない。ちなみにカルカッタに中国人移民が増えた理由はほかに、日本軍による中国・ビルマ侵攻がある。日中戦争や太平洋戦争当時、多くの中国人が日本軍から避難する形でカルカッタに入ったのだ。つまり今日のコルカタ華僑社会の形成に、少なからず日本が関わっているということである。

「さあどうぞ」といわれて入った彼らの住居はティレッタ・バザールの奥にある暗く古い集合住宅で、室内は驚くほど狭かった。入ってすぐ脇に炊事場があり、一口式の古いガスコンロが置いてある。調理用の火力はそれのみだった。小さな棚に無造作につっ込まれた調理器具類の中には中華鍋も中華包丁もなく、ありふれたインド製のアルミ鍋や鉄鍋がある程度。乱雑に散らばる中華系調味料の小瓶がかろうじて「らしさ」を感じさせる。これらの調味料はコルカタ市内で中華系の業者が製造していて、ラベルも漢字で表記されている。それがなければ今まで見てきたインド人の台所と区別がつかないほどだ。水道は引かれてなく、調理用の水は共同水くみ場から運んできた水をプラバケツに入れて置いている。ちなみにトイレ・水浴び場も共同。これで家賃は月３００ルピー（約４８０円）だという。諸物価高騰のインドだが、このように40〜50年前に賃貸契約した古い集合住宅には現在でも驚くほど家賃の安い物件があるのだ。

彼らの住むティレッタ・バザールには朝市がたつ。周囲の中華系住民らがおのおの作った豚まんや

上：奥さんが小さな台所で料理を作ってくれた
下：出来た料理を並べるスンさんと奥さん

上：長年の生活でインド化した中華料理
下：スンさん一家

焼売、中華スープといった食べ物の露店が出てコルカタのちょっとした名所になっている。スンさんの奥さんも総菜などを作って週に数日、朝市で販売しているという。一方、ひざの悪い旦那さんは集合住宅の階段の上り下りもままならない状態。元コックの旦那さんは、コルカタ市内の華僑経営の中華料理店でずっと立ち仕事をしていたのだ。

ほどなくして料理が完成。作ってくれたのは中華ソーセージ入りの野菜炒めと「本当はパックチョイ（白菜）が欲しかったんだけど、あいにく切らしててね」という青菜炒め、およびローストチキン。ローストチキンは息子さんの好物なのだそうだ。中華ソーセージは豚肉を加工したもので、塩味の中にかすかに感じる甘味と八角の風味。そこには確かに中華系のテイストがあった。

「私たちはまだ箸を使って食べることもあるけど、この子なんかはもうほとんど使えないのよ。料理も中華じゃなくパローター（小麦粉と油、水を練って焼いたパン）にチキンカレーなんかの方が好きだしね」と野菜炒めを箸でつつきながら奥さんが息子を見る。そういう彼らの家庭内の会話自体がヒンディー語でなされている。

息子さんの世代になるともはや食べ物の嗜好は中華系よりもインド系となり、遊び仲間もインド人が多い。一方で、中華系の学校で学んだ流ちょうな中国語と英語を話す色白の中華系もいる。インド国内では同じ中華系に区分されているものの、両者の間にはほとんどつながりはない。あるとすれば台所などで作業をするサーバント（家政婦）と雇い主としての関係性だろう。富裕層の華僑の家庭料理は実はこうした混血中華系のサーバントの手による料理だったりする。実際、ティレッタ・バザールの朝市には、そのような華僑の家庭の台所に長く務めた元サーバントが作る軽食の露店が目立つ。外見はほとんどインド人なのに中華料理を作って出している人は、たいていそのような経歴を持っている。

この日、スンさんの奥さんが作ってくれた心づくしの料理には、混血が進み日々の食事がインド化する中にあって、味付けや食材にはインド料理とは一線を画す確かなこだわりが感じられた。「何が食べたい?」と聞かれ「なるべく皆さんがいつも食べているものを作ってください」とリクエストしたものの、もしかしたらそれはこちらを意識したもので、普段はもっとインド料理に近いものを食べているのかもしれないが。

インドでも中華料理はメジャーで、少し大きめのレストランでメニューを開けば必ずといっていいほど載っている。ただしそのようなインド人客の口に合うよう中華風のテイストを加えて商業的にカスタマイズされた料理と、世代を重ねるうちに混血を重ね、否応なくインド化を余儀なくされた中華系家庭料理とでは同じ「インド中華」といってもまったく異なる進化のし方をしている。特に後者は家庭への潜入なしにたどり着けない料理であり、メディアに紹介されることもない。こうした失われゆく中華系家庭料理に触れられたのは貴重だった。そもそも、血統主義的な華僑家族ではなく、インド化した家庭だったからこそ台所訪問ができたのかもしれないと、長々と手を振って見送ってくれる心優しいスンさん一家を振り返りながら私は思った。

アッサムの青銅食器

SARTHEBARI　サルテバリ

インド亜大陸は早くから金属器が使われていた地域として世界的に知られる。なにしろインダス文明時代の遺跡から多くの青銅・真鍮器が出土するのである。ただし早くから使われていたからといって一般庶民にまで広まっていたとは限らない。その希少性やそこに宿る呪術性から、長いあいだ特殊な階級による特殊な用途——儀礼用の神具や寺院の法具など——に限定されていた。

カサと呼ばれる青銅は数世紀を経て次第に一般化され、神具としてだけでなく食器にも用いられるようになった。しかし依然として高価で、また手入れも煩雑であったため、20世紀以降に廉価のアルミやステンレス製の食器が出現するや、多くの地域で姿を消していった。

ちなみに元々儀礼的用途に使われていたころの名残りなのか、いまだに市場では青銅製品とステンレスやアルミ製品は分別されている。例えばステンレスやアルミ食器は食器屋で売られているのに、同じ金属食器であるはずの青銅食器は食器屋ではなく儀礼用の神具店で売られていることが多い。食器屋が扱う範疇はあくまでステンレスやアルミ製のみ。つまりインドでは青銅食器とステンレスやアルミ製食器は同じ用途であっても別々の店で売られている場合が多いのだ。

ステンレスやアルミ製食器の登場で、インド各地の青銅食器文化は急速に失われていったものの、まったく駆逐されたわけではない。いくつかの地方では今でも青銅食器が大切に使われている。中でもアッサムは、インド全土を足でまわって確認した限り、最も青銅食器の使用率が高い地域である。中心都市グワーハーティーに点在するアッサム料理レストランでは、今でも青銅食器に料理を盛りつけて出してくれるところが多い。アカージと呼ばれるセットは、サライと呼ばれる青銅の大皿の上に豚やタケノコ、ハトといった野趣あふれる食材がカヒ（ボウル）やバーティー[54]（脚付きの椀）に盛り付けられた、大変華やかなものである。こうしたレストランだけでなく、ご飯に豆をかけただけのシンプルな一般家庭の昼食にもサライは使われている。表面に彫金加工による複雑で細かな模様が入っているのがサライの特徴である。

アッサムで青銅食器が製造されはじめたのは、13～19世紀にかけてこの地に君臨したアホーム王国の治世だという。この時代にさかんに奨励されたことでアッサムの青銅・真鍮産業は栄え、王侯や貴族たちはこれらを使った調度品、アクセサリーからグラスや皿などの飲食器具、香炉や嚙みタバコ入れといった工芸品までこぞってそろえるようになった。

王侯・貴族の文化が年月を経て庶民層に伝わり一般化していくというのが基本的にインド文化のパターンだ。かつて一握りの王侯・貴族のものだった青銅食器は、今や多くの庶民の台所で見ることができるようになった。当然、製造する職人の側もそうした需要に応えていく。

アッサムの青銅食器製造の村として有名なのが、グワーハーティーから約１００キロのサルテバリ村だ。アホーム王国時代から続く金属加工職人の村である。小さくのどかな村を歩くと、緑の木々に囲まれた奥の工房から金属を叩く「トンテンカーン、トンテンカーン」という乾いた音がひびいてく

上:青銅食器製造の村として有名なサルテバリ
下:ニッパ椰子の葉を編んで作られたおばさんの家

とても質素な台所

1枚だけ残った青銅皿

る。村では総勢2000人以上の職人が金属加工業に従事しているという。UP州ムラーダーバードやケーララ州マンナル、オディシャ州ウッタラなどの青銅・真鍮製品製造で有名な集落と同様、サルテバリ村も金属そのものの産地ではない。加工地として有名なのだ。原料は基本的にリサイクルで、鍋や皿、調度品などの古い青銅製品を買い取り業者から仕入れて再加工している。音の聞こえる方向に進んでいくと一軒の作業場があった。「製造過程を見たい」というと気さくに応じてくれた。

青銅皿は次の工程によって作られる。まず収集した古い青銅製品を集めて裸火で熱する。充分熱くなったところで取り出して、ハンマーで叩いて小さな破片になるまで粉砕する。その破片をムヒーというマグカップ大のるつぼに入れ、底から熱して溶かす。溶けた青銅は均一の分量に分けるためのアークと呼ばれる型に入れて冷却。しばらくしてそこから取り出した青銅を平たい板にし、さらに熱して金槌で大まかな皿状に成形。それを巨大な彫刻刀のような道具で表面を削るように研磨する。くすんだ黒色だった表面が、ここで輝くような鈍い黄金色の地肌へと変わる。研磨が終わると皿の表面にボールという道具で丸いデザインを、ロワルという鉤《かぎ》状の道具で直線的なデザインを彫る。こうして一枚の青銅皿が完成するのだ。

ちなみにここサルテバリ村には、食器だけでなく儀礼用品や寺院用の飾り金具の製造依頼も多い。発注元もインターナショナルで、インド国内は元よりブータン、ネパール、チベット、果てはパキスタンからも依頼が来るというから驚く。チベット奥地の仏寺で使用されている金具の出どころが、実はアッサムのこんな小さな村だとは熱心な仏教徒ですら知る由もないだろう。

この見学させてもらった作業場の裏手に、ニッパ椰子の葉を編んで屋根と壁を作ったシンプルな一軒家があった。玄関先には土を盛った独特の依《よ》り代《しろ》があり、この地域の少数民族ボド族の家であることがわかる。中がどうなっているのかが気になった。

「いいお宅ですね、よければ中も覗かせてくれませんか？」

「いいけど、何にもないよ……」

出てきたおばさんは、少し戸惑いながら中に入れてくれた。

居間というかすべての生活をそこでしていると思しき部屋は土の床がとてもきれいに拭き清められていて、少ない日用品がその上にきちんと整理整頓されていた。台所は壁を隔てた隣の部屋の片隅にあり、簡便な盛り土のかまどとガスコンロ、必要最小限らしきアルミの鍋釜が傍らにあった。

「ところで、おばさんの家には青銅食器はないんですか」

不思議に思って私は聞いた。なぜならおばさんの旦那さんの仕事が金属加工の職人だと聞いたからだ。生活こそ清貧だが、そこはサルテバリ村の金属加工職人だ。さぞやたくさんの青銅食器が部屋の奥に陳列してあるに違いない。例えば同じ青銅食器文化圏のネパールでは、壁一面に客に見せびらかすように食器類を陳列している家が多い。食器は日用品であると同時に装飾品でもある。家に入る前、そんな光景を私は想像したのだ。

「青銅の皿かい？　ウチにあるのはコレだけだよ」

おばさんは、ブリキのトランクの奥からおしいだくように1枚の皿を取り出した。この家にあるのはおばさんが婚礼時に持参した、このたった1枚だという。以前はもう少し持っていたのだが、コロナ禍で旦那の仕事が減り、生活費のために売ってしまったとのこと。確かに青銅は手軽に現金と交換できる製品でもある。世界的なコロナ禍以降、買い取り価格が上昇しているのもまた事実。何の収入保証もないインドの片隅の小さな村で、おばさんは生活のために嫁入り道具を手放さざるを得なかったのだ。コロナがこのような形で彼らの生活にも色濃く影響しているとは少なからずショックだった。かたやグワーハーティー市内の高級アッサム料理店ではグルメたちが「伝統的なアッサム料理は青銅食器で食べるもので……」などとしたり顔で日々舌鼓を打っている。

金属加工職人の家なのに1枚の青銅皿しか持っていないおばさんは「ウチは元気に仕事ができているだけまだマシだよ」と屈託なく笑った。事実、この小さなサルテバリ村の中からも何人かのコロナ犠牲者が出たという。そんな話を聞いていると、隣の作業場から聞こえてくる「トンテンカーン……」という単調な金属音が、もの悲しいひびきのように感じられてきた。

先住民族たちのハレとケ

BASTAR　バスタル

チャッティースガル州バスタル。オディィシャ州とアーンドラ・プラデーシュ州との州境に接するこのエリアは、数多くのアーディヴァーシー（先住民族）が住む深い森におおわれた一帯である。この自然の要塞に囲まれたエリアは中央の権力すら及ばないことが多く、とりわけこの3州（かつてはチャッティースガル州ではなくマッディヤ・プラデーシュ州だった）の接合地域は豊かな部族文化が今も濃厚に残る「秘境」として知られる。そんな現代文明から隔絶された環境で、独特の風習を持つアーディヴァーシーの保護や彼らとの衝突を避けるため、かつては入域に州政府発行の許可証が必要だった。

彼らアーディヴァーシーの中にはヒンドゥー教化されていない人たちすらいる。インドの歴史はヒンドゥー教化の歴史である。後からインドにやって来た少数のアーリアンたちは当初、先住の土着民たちを自らの思想で支配しようとした。しかし土着信仰の強力さにかえって自らが巻き込まれるような形でヒンドゥー教が生成された。まるでミイラ取りがミイラになったようなものである。そのためインドは都市部から農村部にいたるまで広くヒンドゥー教化されたが、アーディヴァーシーたちは深い森に居住していたがためにヒンドゥー教化をまぬがれ、原初の土着信仰を保持し続けている、とされる。

バスタル地域に住む部族は主に、アブジュ・マリア族、ダンダミ・マリア族、ムリア族、ドルラ族、ドゥルワ族、ハルバ族、バトラ族など、一部を除いてほぼすべてがゴンド族と総称される部族民のサブ・グループである。ゴンド族はインドのアーディヴァーシーの中で最大の人口規模を誇り、無数のサブ・グループが存在する。このうちラージ・ゴンド族は中世から近代にかけて中央インドに王国を築き、一帯を支配するほどの存在だった。一方、バスタル地方に住む多くの部族は焼き畑や狩猟採集生活が中心で、文明に触れることなく長年暮らしてきた。中でもアブジュ・マリア族やドゥルワ族は最もプリミティブといわれており、多くのヒンドゥー教徒にとってタブーである牛肉食することで知られる。

アーディヴァーシーの台所はどうなっているのか。どんなプリミティブな食器や調理器具が使われているのか。現代インド人の家庭では失われてしまった、ヒンドゥー教化される以前の食器文化が見られるのではないか、といった期待に胸ふくらませ、すでに何度か訪問しているバスタルだが、今回は食と台所訪問に目的を絞って旅してみることにした。

地域の食や食器文化を知るには、市場に行くのが手っ取り早い。バスタルの中心地、ジャグダルプルに着いた私は早速ハートと呼ばれる定期市へと向かった。ハートは週に一度、場所を変えながらバスタル地域のどこかで開かれているマーケットで、それぞれの開催場所近くに住むアーディヴァーシーたちが農作物や日用品、酒などの嗜好品を持ち寄って売り買いするほか、収穫した農作物を卸業者に買い取ってもらい、まとまった現金を得る場でもある。その金を手にした男たちが熱くなるのが賭け闘鶏で、ハートの片隅で開かれている闘鶏場には目を血走らせた男たちがあふれている。

売られている食材で目を引くのはチャープラと呼ばれる赤蟻で、イリッペ（アカテツ科マドフカ属の木）の葉を数枚編んだドーナー[52]（葉皿）に入れて一皿単位で売っている。石のオークリー[4]（粉砕機）でペーストにして食べる。味は苦味と酸味が強く、決して美味しいものではないが、地元の人たちは滋養強壮のために食べるらしい。また米から作った醸造酒やマフアーと呼ばれる花の蜜から作った蒸留酒なども売られていて、これまたドーナーに注いで飲ませる。傍らで売っている豚の臓物入りの煮込みがアテとなる。

露店の食器売りには一般的なステンレス製のもののほか、素焼きの水がめや鍋が広いスペースに並んでいる。こうした都市部では見かけなくなった食器や調理器具がまだまだこの地域では存在感があるのだ。

このにぎやかなハートに集まるアーディヴァーシーたちは、一体どのような生活をしているのだろう。出店料が一区画5ルピーという露店のおばさんたちを尾行しようかとも考えたが、無難にオートリキシャーを頼ることにした。とはいえバスタルには何の伝手もなく、ましてやアーディヴァーシーの友人がいるわけでもない。例によって行き当たりばったりに、たまたま拾ったオートリキシャーに「アーディヴァーシーの集落へ」と伝えただけだ。

舗装状態のよくない道をオートリキシャーで走ること40分ほど。途中、藁ぶき屋根に土壁という民家をいくつも通り過ぎる。いかにも先住民族が出てきそうな家がまえだ。かなり奥地まで来たところで運ちゃんは車から降りて通りすがりの人を捕まえた。どうやらアーディヴァーシーの集落のありかを聞いているらしい。運ちゃん自身もよく知らないのだ。

上：ハートで売られていた酒類。壺からドーナーに注いで飲ませる
下：ダンダミ・マリア族の住居内での食事風景

アーディヴァーシーの民家

台所内にあるかまどで調理する

何人かが指し示す方角に進んだ先にあった、バスタル奥地のとある集落に到着。一軒の土壁の家があり、運ちゃんによるとここはダンダミ・マリア族の住居だという。祭礼時に男たちが水牛の角の頭飾りをかぶって踊ることから「バイソンホーン・マリア」の異名をもつ部族である。垣根の外からおそるおそる中の住人に向けて声をかけてみた。

「あのー、日本からきました。この辺りのお家を見せてもらっているのですが、お宅もちょっといいですか」(豚や牛肉食すらする人たちだ。刃物を持って取り囲まれ、肉にでもされたらどうしよう……)とこれは冗談だが、それに近いばく然とした不安が頭をよぎった。無知とはこうも人を偏見に囚われさせる。おそらく平地に住むインド人らの持つ、アーディヴァーシーへのイメージも似たり寄ったりだろう。怪訝そうな顔をして出てきた若いアーディヴァーシーの男性の表情を見て少し気がゆるんだ。額に大粒の汗をかいている。私と同じかそれ以上に、彼もこちらを警戒し、緊張しているのだ。確かに平和な自宅前に得体の知れない外国人のオヤジがカメラをぶら下げて立っているのだから無理もない。

男性は中にいる家族と何やら相談している。しばらくしてようやく話がまとまったのか、薄暗い室内へと通してくれた。きれいにふき清められた土の床の居間では、ちょうど一家が昼食中だったらしく、料理が盛られたターリー[33]を囲んでいる。入っていくと食器を片づけて座る場所を作ってくれようとするので「いやいやいや」と慌てて制止した。ありのままの食事風景が見たいのだ。

彼らが囲んでいるターリーには、白い長粒米と葉物野菜炒め、茶褐色をした汁物[7]があり、ヒンディー語でチャーチやマッタなどと呼ばれるバターミルクが少し大ぶりのカトーラーになみなみと注がれている。傍らにはこれらの料理を作った鍋類が無造作に置かれ、足りなくなったら女性は自らが、男性には女性がおかわりをよそっている。食べ終えた食器は、外に置いたアルミ製の水がめに貯められた水で洗う。それを金属製のザルにあけて日光で乾燥させている。

こうしたかなりの奥地に入ってみても、使われている食器や食べている料理は平地のインド人たちのそれと何ら変わりはない。バスタルに来ればよほどプリミティブな食や食器文化が見られるというのは早計だった。おどろおどろしい儀礼や、牛肉や豚肉食といった特異な文化ばかりクローズアップされがちだが、だからといって日々使う食器や調理環境までもが特異なわけではない。近郊で開かれる定期市では便利な日常道具が売られているのである。

ここぞという儀礼や祭礼の場においては、水牛の角の頭飾りをかぶって原初の血をたぎらせながら乱舞する。しかしそれ以外の日々は、その他大勢の一インド人として生活している。ハレの日の濃厚な部族文化と、それ以外の平穏な日常生活とをたくみに使い分けているようにも見える。彼らの派手な側面を捉えた写真集やドキュメンタリー映像はあまたあるが、そこには記録されることのない、先住民族の何気ない日常をかいま見ることができたのはむしろとても貴重だったのかもしれないと思った。

ディアスポラ的ネパール料理

KALIMPONG カリンポン

「ディアスポラ」という言葉がある。移民や移住者といった、本来の出身地から離れて別の国や地域に住む人たちのことをいう。印僑の名で知られるように、インド人は全世界に移住している。と同時に亜大陸インドは周辺各国から多大な流民・移民を受け入れてもいる。とりわけ独立時には分離したパキスタンから北インドに多数のパンジャービー、スィンディー移民が、バングラデシュ独立戦争時には多くのベンガル移民が流入。南インドにはスリランカ内戦を逃れたタミル移民が、またダライラマの亡命に従った大勢のチベット移民も各都市に独自のコミニュニティを作っている。そう考えると、インドという国は多数のディアスポラを生む国であると同時に多数のディアスポラを受け入れている国でもある。

このディアスポラの中にはネパール系移民もいる。既に数世代にわたって居住し、国籍もインド人だからネパール系インド人と呼ぶべきかもしれない。特に茶で有名なダージリンからカリンポンにいたる西ベンガル州丘陵地帯からシッキム州にかけては、ネパール語を母語とする人たちが多数派を占める。デリーやベンガルールなどのインドの主要都市でネパール料理店などを開いているのも、たいていこの地域の出身者である。

この国境に近い地域は18世紀以降、割拠する王国やイギリス軍との衝突の場となってきた場所で、その勝敗により時にブータン領、時にネパール（ゴルカ王国）領になってきた。だから、例えばネパール系インド人といっても自発的に移住してきた文字通りのディアスポラもいると同時に、元々この一帯に住んでいたのに国境線の方が勝手に右往左往して、結果的にディアスポラのようにみなされている人たちもいる。

ただし、カリンポンは英領下の避暑地、またブータンやチベットとインドとを結ぶ中継地点として19世紀半ばに開発・整備された街で、それ以前はほとんど人が住んでいなかった。ネパール系が住みはじめたのはイギリスによる開発期以降のことで、その意味ではカリンポンは純然たるネパール系ディアスポラの街であるといえる。

このディアスポラのネパール社会にどのような食文化や食器作法が存在し、本国ネパールとの間にどれほどの違いがあるのか、またはないのか。例えばマレーシアにはナシカンダールと呼ばれる、タミル系住民によって生み出されたマレー化したインド料理がある。同様の変化がカリンポンのディアスポラ社会でもあるのかどうか。あるいは逆に、本国ネパールで失われてしまった食文化や食器の使い方が、隔絶された空間であるがゆえに残っていたりはしないのか。

バッグドグラ空港からカリンポンは乗り合いタクシーで約5時間。しばらく平地を走っているがセヴォク辺りから急峻な山道に入っていく。と同時に気温がグングン下がる。息をするのもしんどい5月の平地のインドの暑さが、嘘のように涼しげな風に変わり身体から汗がひいてゆく。やがて肌寒さ

上：平地のインドとは異なる食文化圏に入ったことを感じさせる、屋台のONLY BEEFの看板
下：ホームステイした部屋からの眺望

台所での食事。
調理工程を逐一観察出来るのがいい

三重のセルロティの謎は結局解けなかった

すら感じはじめたころ、夕やみせまる美しいカリンポンの街が見えてくる。

避暑地として開発されただけあり、カリンポンには現在多くのインド人観光客が訪れる。彼らが主に利用するのが「ホームステイ」と呼ばれる民泊で、南北に細長いカリンポンの至るところにその看板を見かける。私が滞在したのもそんな一軒だった。オーナーはネパール系インド人で、チェトリというヒンドゥー教徒のカースト。ネット予約をする際に、こちらが食に関心があり、朝晩の食事は西洋式ではなくネパール式で、とお願いしておいただけあって到着するやいなや奥さんは台所に招いてくれ、調理過程をくまなく見せてくれた。

台所は大きく立派なものだった。壁に沿って食器棚が設えられていて、ガラス戸の中には青銅製や真鍮製のターリー[33]やカトーリー[7]、ローター[70]（壺型コップ）、カルクラ（元来、煮炊きをするための鍋だが装飾し婚礼時の贈答品にしたもの）などがこれ見よがしに並んでいる。こうした金属製の食器や儀礼用具を、あたかも装飾品のように陳列するのはネパール本国とも共通する。とはいえ青銅皿はアッサム州で作られているものだった。また、装飾を施している青銅皿をカサ・カ・タリと呼び、真鍮皿や無装飾の皿をジャル・ケ・タリと呼んでいた。ネパール語で「ジャル」とは「ピカピカした」といった意味だが、ネパールではあまり聞かない呼び方である。

物珍しそうに食器を手に取っては質問を繰り返す私を、逆に物珍しそうに見ていた旦那が聞いた。

「ここに泊まりに来るインド人客はみんな部屋で食事を摂りたがるんだけど、アンタもそうするかい?」

台所には大きなダイニングテーブルがあり、調理場に立つホスト家族と話をしながら食事ができる。逆になぜわざわざ部屋で食事をしたがるのか不思議に思った。と、そうこうしているうちに温かい夕食ができ上がった。

　ダル、グンドゥルック（発酵・乾燥させた青菜）の和え物、シスヌ（イラクサ）炒め、ラヨ（からし菜）炒め、骨付きの鶏肉というおかずをマシノ・ダン・コ・チャマルと呼ばれる小粒米で食べる。元々ネパール系インド人はこの小粒米を食べていたが、近年安い長粒米が平地から入ってきて置き換わりつつあるという。宿泊客は他に誰もいず、純粋に私のために作ってくれた心づくしの夕食は温かくしみじみと美味かった。


　翌朝。起床してカーテンを開くと雄大な眺望が広がっている。眼下に広がる大きな山は谷底まで幾重にも重なる段々畑が続いていて、その手前には山ひだに沿ってカリンポンのバザールが続いている。その日は雲で見えなかったが、乾季には山の向こうに深雪をいただいたヒマラヤ山塊が望めるという。これが昔読んだ河口慧海から西川一三に至る戦前のチベット潜入者らの手記に登場する、オアシスのような街、カリンポンの全景かと思うと感慨もひとしおだった。眺望は大きく設けられたガラス窓を通じて部屋のベッドに寝ころびながらでも見られる。なるほどこれならばインド人客が部屋にこもって食事を摂りたがるわけだ。

　台所に行くと、奥さんが朝食に作っていたのはネパールでもよく食べられているセルロティだった。米粉の生地を油で揚げたドーナツ状の軽食で、これを本国ではチヤ（ミルクティー）やアチャールなどと共に朝食として、また祝いの席でも食べられる。ただ、ここで出されたセルロティはネパール本国のそれとは形状が異なっていた。本国ではドーナツ状に一重なのが普通だが、ここでは三重にクルクルと巻いた形状なのだ。付け合わせはアルダムと呼ばれるジャガイモの炒め煮。たっぷりと着色料で赤く色づけしてあるが、奥さんによると「カリンポンではこれが普通よ。むしろ色がついていないと美味しく見えない」とのこと。そういえば昨日ふらりと入ったケーキ屋のショーケースに並んだ西洋ケーキも紫やマリンブルーなど人工的な色味のものが多かった。

セルロティの味そのものはネパールでも食べ慣れたものだった。アルダムもどぎつい色味さえ気にしなければ素朴で美味しかった。気になるのはこの三重の形状だ。これをどう読み解くべきか。数世代この地に居ついたネパール系住民が独自に一重から三重へと発展させたディアスポラ料理と解釈すべきものか、あるいは元々ネパールでも三重だったのが、次第に簡素化して一重になったのか……。

結局、カリンポンでは誰に聞いても結論は出なかった。帰国して周囲のネパール人に写真を見せたが皆、首をかしげるばかり。とはいえそんな風に疑問があるからこそ、いろんなネパール人に会って話をする口実にはなる。出ない結論を巡りつつ、そこから派生する余話や思い出話に花が咲き、まるでセルロティの渦のように談義はグルグルと回り続けた。

ネワール族の家事労働

KATHMANDU カトマンズ

ネパールの首都カトマンズ。１９７９年に世界遺産登録された、中世を思わせるこの古い街には、２０１５年に発生した大地震やコロナといった厄災を乗り越えて、今も大勢の観光客が世界中から訪れる。とりわけインドを経由して陸路で入境してくる個人旅行者にとって、そこはまるでオアシスのように感じられるはずだ。その理由はまず人である。北インド特有の、射すような好奇の視線からの解放。これは大きい。インドを経験するとネパール人が皆、柔和に見えてくる。また世界各国の料理も食べられる。食のインフラの充実度や選択肢の多彩さという点で、インドの主要観光地よりはるかに居心地がいい。

飲み屋が多いのも酒好きの旅人には嬉しい。街の食堂の看板はたいていビール会社の広告入りで、つまりどの食堂に入ってもビールが飲めるわけである。これがインドだとバーの看板を掲げた薄暗い店で飲むか、鉄格子で仕切られた酒屋の窓口で買ってコソコソと宿に持ち帰って飲まなければならない。まるで酒に対する寛容度がちがうのだ。

ことにカトマンズ盆地に最も古くから居住していたとされるネワール族の酒好きは有名で、無数の祭礼や通過儀礼に酒は欠かせないアイテムとなっている。結婚式やジャトラと呼ばれる神々の巡行祭礼はもとより、パスニと呼ばれる、生後半年目に初めて赤ちゃんに穀物を食べさせる儀礼であっても、儀礼的に酒で湿らせた指を赤ちゃんの唇に軽くつけるほどである。そんなことをするのはネパール諸民族多しといえどもネワール族だけ。彼らにとって酒はまさに日々のシャグン（縁起の良いもの）であり、アンティ（細長い注ぎ口のついた真鍮製の容器）やサリンチャ（素焼きのぐい呑み）など、専用の酒器が存在するほど深く生活に浸透している。こうした酒と儀礼を結びつけるメンタリティは、日本人にとっても共感するものがある。

この先住民であるネワール族がもともと居住していた地域が、今のカトマンズの中心となっている。その一角にアサンチョウクと呼ばれるエリアがある。人の往来の多いカトマンズでもとりわけ混雑の度合いが高いエリアで、カサ（青銅）やチャレス（真鍮）の食器、神具、仏像などを商うバザールが広がっている。これら金属食器は装飾の如何《いかん》を問わずキロ単位で売買されていて、金属相場レートによって価格は日々変動する。

こうした商売の担い手であり、酒好きで独特の食文化をもつネワール族の台所もまた独特なものがある。彼らの台所は最上階に設えられるのだ。理由は下より上の方が浄だからである。時代や政治運動によって宗教的な価値観が急速に希薄化しているネパールだが、口に入る食べ物を扱う台所は浄・不浄の観念に基づくネパール人的宗教観のいわば最後の砦ともいえ、部外者がおいそれと土足で立ち入れる場所ではない。伝手を探していたところ、カトマンズで旅行会社を経営している知人の春日山さんが助け舟を出してくれた。彼女の会社で働いていた元スタッフにネワール族がいて、彼のお宅を訪問する手はずを整えてくれたのだ。

当日、紹介されたマハラジャンさんのご自宅へと向かう。一帯は古い建物が密集し、迷路のような細道が複雑に入り組んだ下町。住所をもらっても一人では到底たどり着けない。やがてレンガ造りの3〜4階の古い家屋が中庭を取り囲むように建つ一角に出た。そのうちの一軒が目指すマハラジャンさんのご自宅である。

そこはレンガ造りで3階建ての典型的なネワール式住居だった。ただし、もともと住んでいた実家が大地震で被災し、現在住んでいるのは同じネワールの親族から賃借している物件とのこと。階下は物置だったり洗濯場だったりで、上階に進むにつれてリビングや台所など居住空間としての重要度が増す。人によっては難色を示されるはずの、最も聖なる場所である台所にも入らせてもらった。戸建てでこそあるがずいぶんと狭い。小さな盆地に密集して住居を建てるから、カトマンズ市内の建物は敷地面積が狭くなり必然的に高層化するのだ。

台所は立って作業をするタイプのキッチンだった。ネワール族を含め、ネパール人やインド人の台所は本来土間に座って作業するスタイルで、チュレシと呼ばれる木の土台に鎌がついたような包丁や、石臼であるシロウタのような昔からの調理器具はみな床に座って作業するようにできている。立って作業をするようになると、そのための新しい道具を使うようになるというのは多くのインドの台所と同様だ。

淹れてくれたチヤ（ミルクティー）を飲みながら、お母さんのラクシミさんが語ってくれたところによると、昔の家事労働はそれは大変だったという。例えばまず酒だ。冒頭で触れたとおり、ネワールの

上：ネワール族の多いアサンチョウク周辺
下：マハラジャンさん宅外観

上：最上階にある台所でラクシミさんがチャターマリを作ってくれた
下：マハラジャンさん一家

人たちにとって酒は生活に欠かせない大切なものである。これを昔は各家庭で作っていた。ネパールの酒の原料はシコクビエや麦、トウモロコシといった穀物だが、ネワールの人たちは米で作ったものを好む。これら穀物を蒸し、マルチャ（麹）をかけて発酵させた簡易な酒がジャールまたはチャン（ネワール語ではトォン）であり、専用の器具を使って蒸留し、度数を上げたものがラキシー（ネワール語でアエラ）である。このアエラ作りが大変なのだ。

アエラ作りの器具は複数の道具からなる。一番下がタウロと呼ばれる口の開いた金属鍋。この中にジャールを入れる。タウロの開口部には底にいくつも小さな穴の開いた壺パイニが乗っている。パイニの開口部には円すい形をしたバタと呼ばれる器具が載っていて、この中に冷却水を入れる。タウロの下から火で熱すると、タウロに入ったジャールから気化したアルコールがパイニの穴を抜けて昇り、バタで冷やされパイニの中に置いた器バドの中に一滴一滴溜まっていく。

アエラを蒸留している間、火から目は離せない。バタに入れる冷却用の水の交換も必要だ。作業は夜通し行われることもあったという。しかもこうして苦労してできた酒を飲むのはもっぱら男たちであり、女はただ作るだけだった。酒造りが上手いかどうかでいい嫁かどうかまで判断されていた。

そもそも水一つとっても大変な重労働だ。水道などない時代、ガーグリ（水がめ）を持って近くの水くみ場に行き、一階ならまだしも、最上階の台所まで何往復もしなければならない。日々使う薪運びも同様だ。かまどにくべる乾燥した木や枯れ葉、牛糞なども階上に運び込む必要がある。

料理の中で大変だったのは豆ペーストを揚げたバラー（ネワール語でウォー）作りで、皮付きのマスコダル（ケツルアズキ）の皮むきからはじめなければならない。これが一時間ぐらいかかったという。今では皮なしのマスコダルが市場で売られている。「昔だったら考えられない。便利になりました」とラクシミさんはいう。

この気の遠くなるような台所労働がすべて女性によって担われていた。これに洗濯、掃除、子育て、年老いた親の世話が加わる。女性たちは家事だけをして一生を終えるといっても過言ではない。世界遺産として訪問者を魅了する古都の内側で、壮絶ともいえる家事労働があったのだ。今でこそ西洋式のキッチンが導入され、ガス・水道が引かれて少しずつその負担は軽減されつつある。酒も外で購入するようになり、家庭内儀式の数も減った。ようやく自由に料理ができる環境を手に入れたラクシミさんに、相も変わらず昔ながらの伝統料理をリクエストしている自分。複雑な思いにかられながら、熱々のチャターマリ（ネワール式のお焼き）を口いっぱいほお張った。

Column

コルカタ

大地の味のチャーエ

お猪口《ちょこ》のような素焼きのカップに注がれたチャーエを飲み干すや、大地に叩きつけて割ってしまう。それはインドをはじめて訪問した人にとってちょっとビックリする光景かもしれない。弥生式土器のような手作りカップが荒々しく木っ端微塵にされてしまうのだ。それが忍びなくて、チャーエ屋のおじさんに苦笑されつつ飲み終えたカップを大事にカバンにしまって持ち帰る旅行者も少なくない。

この素焼きの小さなカップはヒンディー語でクルハルまたはクリヤーと呼ばれる。あたかもインダス文明時代の遺跡から出土されたかのようなルックスから、チャーエを飲む文化そのものが古代から続くもののように誤解されがちだが、喫茶の習慣が根づいたのは長いインドの歴史からするとついこの間の話といってよい。

長年、中国から茶葉を輸入していたイギリスにとって、自国領だったインドで茶葉を生産するのは悲願だった。19世紀に入りようやくアッサムの山中で茶の原木（アッサム種）がイギリス人商人によって「発見」。以降、アッサムやダージリンといった高地に、茶畑が瞬く間に開墾された。できた茶葉はイギリスへの輸出だけでなくインド国内にも熱心にプロモーションされ、元来興味も関心もまったくなかったインド人に、チャーエを飲む習慣を植え付けようとした。しかしなかなか思惑通りにはいかず、20世紀の半ばになっても「近ごろはティーショップなんぞに通う若者が増えて……」と嘆くブラーフミンがいたほどである。

当初こそイギリス人のスタイルを真似て飲まれていたチャーエだったが、次第にインド流の喫茶スタイルが編み出される。それは淹れ方や飲み方だけでなく、茶器にも表れた。ガラスのコップで飲んだり、また陶器のカップ＆ソーサー、それもソーサーに移して飲んだり（これは元はイギリス流を真似たもの）、ステンレス製のカップが使われる地域も出現した。そして今もよく見かけるクルハル。他人との使いまわしを避け、使い捨てるために作られるクルハルはもともと低カーストの客用で、一般客には陶器のカップ＆ソーサーで出すという使い分けがなされていたともいわれる。こうしたかつての差別的な扱いは、今も映画の中で象徴的に描かれることがある。

このクルハルをインドの中で最もよく見かけるのがベンガル地方である。もちろん、客によって陶器と土器とを使い分けるなどということはなく、屋台のチャーエ（ベンガルでは「チャー」と呼ぶ）は一律クルハルで出されている。

20世紀にようやくインドに定着したチャーエ。それを飲ませるチャーエ屋という商売もまた、一般化したのは20世紀になってからだ。保守的な時代にあって最も先進的な都市だったカルカッタには、茶葉の産地アッサムに近いという地の利も相まってチャーエ屋が集まり、やがてクルハルが定着していったのかもしれない。こういう古い因習にとらわれない、新しいものを果敢に取り入れていくカルカッタ人の気風は、宗教的価値観とは相いれない革新政党が長らく支持されていたことからも推しはかれる。

このクルハルを作る職人のことをクマール（クムハール＝陶工カースト）という。そしてコルカタには、クルハル作りをなりわいとしない、もう一つのクマールがいる。秋の大祭、ドゥルガー・プージャーが近づくとコルカタ市街の辻には巨大なドゥルガー女神像がこつ然と出現する。地域や町会ごとに作られた女神像は時に神々しく、時になまめかしい様相で現世に降臨し、集まった人々は供物と経をあげ、鳴り物を鳴らして陶酔する。この女神像を作るのもクマールなのだ。

とはいえ両者は同じクマールでも、出自も、おそらく社会的な序列も異なる。女神像作りを請け負うのがベンガル人のクマールであるのに対し、クルハル作りに従事しているのは州外のビハールやUPから来たヒンディー語を母語とするクマールなのだ。コルカタ市中心部から外れた、のどかなエリアにあるクルハル作りのクマールの集落を訪ねてみた。

「ジイさんの代からこの辺でクルハル作りをやってるよ。仕事があるから（ここに）来たんだろうね」

UP州出身というクマールの一人は、なぜわざわざコルカタに？ との問いにそう答えた。ガンジス河が海に注ぐデルタ地帯、原料となる河泥が最も堆積する地だからであろうか。ベンガルの地では神像にしろ壺や鍋といった日用品にしろ土製品がやたらと目立つ。

クルハル作りのクマールの朝は早い。陽が昇ると共に土を捏ね、ろくろで成形したカップを一つ一つ板に並べて天日干しする。翌日、土中に掘った穴に格子状に鉄棒を渡し、その上に藁と乾燥牛糞、天日干ししたカップを交互に積みかさねていく。そうして山のようになったカップを最後に覆いかぶせるように土でフタをする。そうして準備ができたら穴の下から火を焚いて一晩じっくりと焼成する。燃料としての牛糞は火力こそ強くないが、長い時間燃焼が可能だ。こうしてでき上がったクルハルは無骨な台車にのせられ、コルカタ市内のチャーエ屋へ歩いて配達される。そして屋台の片隅に置かれ、客から注文が入るたびにチャーエが注がれ、役目を終えると大地へと還っていく。

考えてみるとドゥルガー像もまた一過性のものだ。狂熱の10日間が過ぎると女神は天界へと帰還する。具体的にはベンガル人は祭りの最終日、女神像を聖河ガンジスの分流であるフーグリー河に流すのである。

非日常的な女神像と日常的なクルハル、対極的な土製品でありながら共に河泥から作られ、還っていく。こうしたくり返しの中にひそむインド的な何かを勝手に感じとりながら、私は大地の香りのする熱いチャーエをズズッと啜る。

西インド

WESTERN INDIA

世界最大のスラム街

多くの旅行者は空路ムンバイに着くと空港からタクシーに乗り、ウエスタン・エクスプレス・ハイウエイを通ってホテルが集まる市内南部へと向かう。その車窓からは、大都会ムンバイを象徴する二つの対照的な景色が見えてくる。一つは躍進するインド経済を体現したかのような超高層ビル群。集まる富を束ねて無理やり形を与えたような、奇抜なデザインの造形が多い。そしてもう一つは、点在する大小様々なスラム街。すすけた黒っぽい建物の集合体をよく見ると、屋根をブルーシートで覆った小さなバラックが互いに寄りかかるようにして建っているのがわかる。このスラム街越しに見る超高層ビル群というコントラストほど現代インドの貧富の差を如実に感じさせる光景はない。そんなムンバイに点在するスラム街の中で、最も規模の大きなものが、アジア最大、いや世界最大規模ともいわれるダラビー・スラムである。

ダラビー・スラムは地図で見るとムンバイ市のど真ん中に位置している。地価が高いムンバイ市内にこれほど巨大なスラム街が存在するのにまず驚く。ムンバイ郊外鉄道セントラル・ラインのサイオン駅西側の90フィートロードの内側を走る汚いドブ川に沿って、行けども行けども終わりの見えないバラックが続くのだ。ここに80万とも100万ともいわれる膨大な数の人々が住んでいる。空間を覆うように犇めくバラック群によって内部は陽の光がさえぎられて昼なお暗く、奥へと続く迷路のような道から一度内部に入ると無事に生還できるかわからない、人外魔境のような雰囲気がただよう。こんなところにカメラ片手の観光客が入り込んだが最後、身ぐるみはがされて尻の毛まで毟《むし》られるのがオチである。そんな噂や都市伝説から、30年間毎年インドに通う私でさえ、一度も足を踏み入れたことはなかった。

「一体、この魔境の中ではどんな人がどんな食事を作っているのだろう……」そんな好奇心にかられながらも、しかし世界最大のスラムに単独で飛び込むのは怖い。そう思った私は日本であらかじめ先手を打っていた。ムンバイ出身で都内の食材商社に勤務する友人のパテルさんに、案内役として地元在住の知人A氏を紹介してもらっていたのだ。事情を説明するとパテルさんは「彼に任せておけば大丈夫」と太鼓判を押した。

迎えた訪問前日。私は教えられたA氏の番号に確認の電話を入れた。

「明日はよろしくお願いします」

「わかりました。ところでコバヤシさんの行き先はインド門ですか？　それともエレファンタ島？　タージマハル・ホテルとか？」

「いいえ、ダラビー・スラムに行きたいんですが」

「えっ……」

翌朝。約束の時間になってもA氏は現れなかった。何度電話をかけても出ない。やはり地元の人といえども世界最大のスラムは荷が重いのか……。そう思うとダラビー訪問への恐怖がより強くわきあがってきた。とはいえムンバイ滞在日数は限られている。貴重品類はホテルに預け、必要最低限のものだけを持った私は、意を決して、単身ダラビーへと向かったのだった。

ダラビーに降り立ってみると、聞きしに勝るその威容に圧倒された。路地の両サイドを埋め尽くさんばかりに建てられた手製の狭小住宅が密集し、その半開きのドアからは薄暗い室内で昼からベッドに寝転がりテレビを見ている男の姿だったり、泣きわめく乳呑み児を傍らに置いてじゃぶじゃぶと洗濯している太った女の姿が見えたりと、カオスあふれる世界が広がっている。到着時が既に日没近く、何の道しるべもない細い小路の角を曲がると、道端の出っ張りに腰掛けていた老婆と出くわした。緊張しつつも何とか会話の口火を切ってみた。

「あー、私は日本から来たものですが、お婆さんはこの近くにお住まいですか？」

「………」

老婆は何も答えない。が、その顔には険しさはなく、決してこちらを拒絶しているふうでもない。しかし重ねて質問するも、呆《ほう》けたような笑みを浮かべるばかりで何も答えてくれない。

こんなふうに問答している姿を不良グループにでも見られたりしたら厄介だ。過度な警戒心にさいなまれた私がそろそろ別の場所へ移動しようとしたその時、通りすがりの高校生ぐらいの若い女の子が「どうしましたか？」と声をかけてくれた。彼女の名前はルガイヤさんといい、すぐ近くに住んでいるという。

「実はここに住む人たちの台所を見せて欲しいと思って来たんですよ」

事情を縷々説明していくと、彼女はしばし考えたのち、意を決したようにいった。

「ウチでよければどうぞ。でも、とても狭いので驚かないでくださいね……。こちらです」

気恥ずかしそうに微笑むと、スタスタ先導してくれた。おそるおそる踏み入れたダラビーの突端で、思いがけない出会いから瞬時のうちに台所訪問が実現する運びとなった。私には先を歩くルガイヤさんが、まるでスラムに舞い降りた天使のように思えてならなかった。

ついていくにしたがい、小路は徐々に薄暗い地下道のようになっていく。暗いのは路地の中空に無理矢理足場を組んで建築物を広げて陽の光をさえぎっているせいである。中空住居には小さな穴のような出入口があり、忍者屋敷さながらの狭いハシゴを登って出入りする。目指すルガイヤさん宅もそんな2階の忍者屋敷だった。図体の大きな私の腹が入るかどうかヒヤヒヤしながら入口をくぐると1Kの狭小部屋が現われた。その中でお父さんお母さんをはじめ一家5人がほがらかな笑顔で出迎えてくれた。

実は数年前まで彼らの居住スペースは現在の半分だったが、業者に頼んで中空域に拡張工事したという。だからこれでも部屋は以前の2倍になっていて、いわれてみれば確かに入口の狭さから感じるほどの圧迫感はない。とはいえ体重の重い私は床を踏み抜かないか内心ヒヤヒヤした。

部屋の一角には狭いなりにスペースを上手く活用した台所がある。鍋釜なども結構多く、積み重ねるように圧縮してまとめて収納している。ステンレス製のキャビネットには20人前ぐらいのビリヤーニーが作れる立派なアルミのデーグ[47]まで置いてある。

「遠来の客人が来た時にはこれでもてなすのさ」

デーグの腹を手でポンポンと叩きながらドヤ顔をするお父さん。客人の座るスペースなど一体どこにあるのだろうと思ったが、あえて聞かないでおいた。

しばらく話していると、お母さんが台所に立ってチャーエを作りはじめた。陶器のカップに注いでくれたチャーエは熱々で美味しかった。せめてこれで茶菓子でも買ってくださいと100ルピー札を握らせようとするも、「あなたはメヘマーン（客人）だから」といって決して受け取らない。こういう心意気は、経済的境遇や宗教を問わずインドのどこに行っても出会う美徳である。

一家はUP州のイラハバード出身のムスリムで、周辺にも同郷人が固まっている。ダラビーは必ずしも出身地を同じくする人々がコミュニティを作って住んでいるわけではないが、それでもこのような偏りはみられる。廃品回収業や皮革業に就く人がクローズアップされがちだが、タクシーの運転手や個人経営の商店主なども多い。土地の権利書こそ地元のブローカーから購入した非正規のもののようだが（その背後には地元を支配する地方政党が存在する）、うわものは大工に頼んで建てたものだと胸を張る。

世界最大のスラムの台所とはどんな凄まじいところかと思い、おそるおそる中に入ってみたものの、存外暮らしやすそうな空間が広がっていた。無秩序のように見えて、実は秩序だった村の集合体のような場所。インドの地方の集落にいるような感覚に近い。何より私のような突然の不審な訪問客をもてなしてくれる心根が村人的である。もしこんな家庭ばかりだったら、ダラビーとはそれほど怖れるべき場所ではないのではないか……。

ルガイヤさん宅を出る頃には陽はすっかり落ち、元々薄暗かった細い小路はさらに歩きにくかったが、イスラム教聖者の生誕日が近いせいかあたりは安っぽいネオンがチカチカと明滅し、足元をおぼろげに照らしてくれていた。

世界最大といわれるダラビー・スラム

中空に浮いた
忍者屋敷のような住宅

上：ルガイヤさん宅の台所
下：温かく迎え入れてくれたルガイヤさん（中央）と両親

憧憬と追憶のボンベイ

1970年代から80年代あたりを絶頂期とし、少なくともボンベイがムンバイへと名称変更された1995年あたりまで、ボンベイという地名にはインドの若者にとって魔力に近い響きがあった。それは当時の映画などで「花の都・ボンベイ」として描かれていることからもわかるし、私が初めてインドの地を踏んだ1991年には、まだそのような憧憬が人々の心を支配していたのを感じた。1990年にリリースされたインド映画『希望の行方（Disha）』は、地方在住のインド青年たちが持つ「花の都・ボンベイ」への憧れと、実際そこに暮らして働きはじめて感じる疎外感を、ユーモアとペーソスあふれるタッチで描いた群像劇で、当時の若者たちの持つボンベイへのイメージがよくわかる。劇中、彼らが住む小さな村にドサまわりの芝居がやってくる。陽が落ちて開幕し、ヒロイン役の旅女優が音楽テープに合わせて「私をボンベイにつれて行って～」と太った身をくねらせて踊ると観客たちからやんやの声援がとぶ。

今でこそ経済発展著しいインドでは、ベンガルールやハイデラーバードといった都市が急成長し、かつてのような大都会、ボンベイへの憧れの一極集中は分散しつつあるようにみえる。それでも当時の強い憧憬は、例えば街なかで今でも見かける、旧地名を冠したいくつもの料理名から残り香のように嗅ぎとることができる。

「ボンベイサンド」は今も混雑したバザールに行くとしばしば屋台で目にする。[41] たいてい折りたたみの三脚の上にブリキの箱をのせ、その中でトマトやキュウリを短いチャークー（包丁）で切り、食パンにはさんでいる。ブリキの箱にはペンキ文字で「ボンベイサンド」と書いてある。これが「ムンバイサンド」ではダメなのだ。中にはふかしたジャガイモやスライスしたビーツが入るところもあるようだが、料理としての定義はまちまちなはずである。

「ボンベイファルーダ」という看板も見かける。ファルーダとはそもそもイランのシーラーズ発祥の冷菓であり、ムガル時代に現在のパキスタンを経て陸路北インドにもたらされて現地化したクルフィー・ファルーダが従来親しまれていた。これとは別に、19世紀以降イランから直接ボンベイに移住し飲食商売をはじめたイラーニーと呼ばれる人々がもたらしたのが、このボンベイファルーダである。当時としてはハイカラなガラスのコップやジョッキに入ったファルーダという異国の冷菓は、商品名にボンベイをつけることでさらに都会的なイメージを増幅させたのである。

「ボンベイフランキー」は、１９６７年に実業家のアマルジット・シンが訪問先のベイルートで食べたピタパンのロールにヒントを得て妻と共に改良した軽食。１９６９年に移動販売車で売り出したTibb's Frankieは二人の息子に引き継がれ、現在ではムンバイを中心に１６０以上の支店を数える一大ファストフード・チェーンへと成長。中高年のボンベイ出身者には郷愁と共に思い出される味である。

「ボンベイビリヤーニー」はインド全土で食べられているビリヤーニーのボンベイスタイル。多くの

BOMBAY
REGULAR TOST
VEG CHEES TOST
JAM TOST

ボンベイサンドの屋台

SRI MAHALAKSHMI SILKS
Welcome
PhonePe

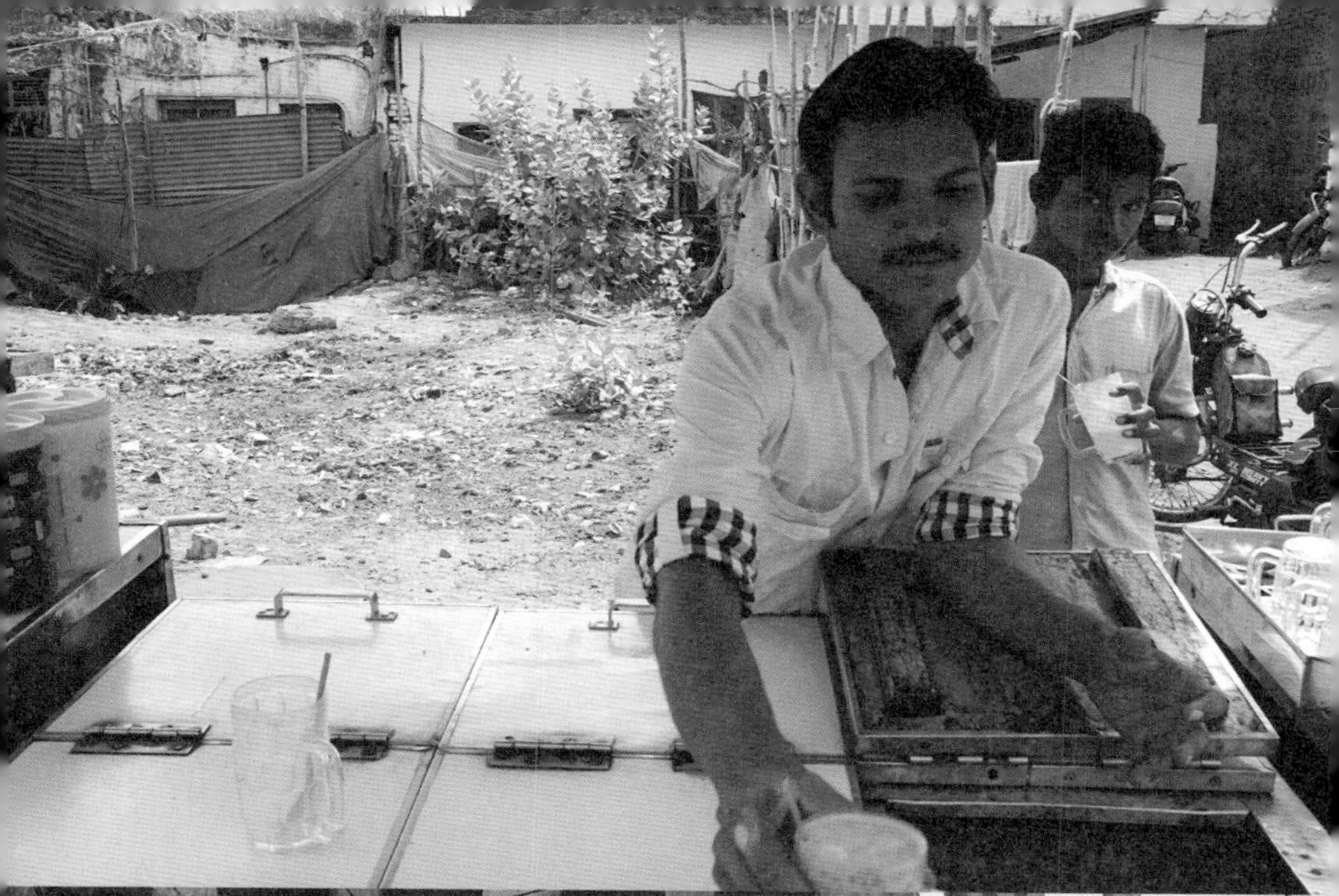

上：ボンベイファルーダの屋台
下：ボンベイの名を冠した店もまだ多い

インド料理同様、ビリヤーニーもまた起源は外国であり、それぞれの地方ごとに多様化した料理である。このうちボンベイビリヤーニーはベースとなる具とグレービーを濃厚にまとった米を、そうでない米で覆った二重構造になっているのが特徴である。食べ進めていくにしたがって、ドロッとした熱々の具が顔を出す。

このようにボンベイの名を冠した料理は、メジャーなものからあまり知られていないものまで種々雑多ある。ただ少なくとも、料理や食材にボンベイという地名をつけるというのは、「ボンベイ的なもの」のイメージを投影しているということである。そこにはインド人がその地域の料理や味をどのようにイメージしているかを読み解くヒントがある。実際にそれがその地方料理と関連するかどうかを詮索するのはあまり意味がない。というか、むしろ地名がつく料理とその土地とは無関係なものが多い気がする。

同じくムンバイの屋台が発祥といわれる「マイソールドーサ」という軽食がある。実はかつて私は、本場のマイソールドーサを求めてわざわざカルナータカ州マイソール（現マイスール）の地まで行ったことがある。額に汗してドーサの店を数軒訪ね、「マイソールドーサありますか?」と聞いてまわる外国人を哀れむように、相席の若いインド人夫婦が「マイソールドーサはマイソールの地とは関係ないんですよ」と優しく諭してくれた。

マイソールドーサはムンバイのとある屋台で、パウバジ（パンと炒め煮野菜）を作る際のトマトベースの赤いバジ（具）を、ドーサの内側に入れてロールしたものである。その赤いバジのドーサをなぜ「マイソール」と呼んだのかは諸説ある。おそらく命名者にはカルナータカのラッサム（香辛料を効かせた汁物料理）の赤色や、料理にトマトを多用する、などの（誤解も含めた）イメージがあったのだろう。しかし、たとえそれが誤解に基づくものであっても、少なくともビジネスとしてその料理に携わる人たちは、インパクトの弱い正解よりもパンチの効いた誤ったイメージを優先させるケースが多い。

例えば、南インドのアーンドラ地方は一般的に「辛い料理」というイメージがインド人にはある。アーンドラは一大農業州で、特に州南部はグンドゥ・チリという唐辛子の産地として有名だということもそのイメージ醸成の一因だろう。しかし実際にアーンドラに行ってみるとわかるが、出されるミールスにしろ軽食にしろ、およそ辛さとは無縁である。確かに重箱の隅をつつくようにミールスのおかずを一つ一つ食べていけば辛い料理と遭遇するかもしれないが、広いアーンドラの至るところで食べ歩いたものの、辛くて食べられないなどといったことはなかった。しかしである。アーンドラ料理店の比較的多いバンガロールに行くと、これが判で押したように辛い。それもインド料理好きな私が半分以上残してしまうほどの極端な辛さなのである。これはつまり飲食店サイドでアーンドラ料理を辛い料理だとイメージづけ、それに沿ったメニューを出しているのだ。客も客で、辛いもの好きなインド人らが友人や家族と連れ立って「今日は外に辛いものを食べに行こう、よしアーンドラ料理店だ」という図式ができ上がっているのである。実際のアーンドラ地方の料理は辛くないのに、ある種の架空のイメージが商業的に演出されている。そして少なくとも一般的なインド料理店のメニューは、そういうイメージ先行型が多い。

「マンチュリアン」という名のインド中華料理がある。マンチュリアンとは満州の英語読みである。しかし、この料理を「発明」したインド生まれの華僑二世、ネルソン・ワンは満州出身者でもなく、満州はおろか祖国である中国の地を踏んだことすらなかった。同様にシーフードを使った料理には「アレッピー」、青菜のペーストを使った料理には「ニールギリ」、赤身がかかったマトン料理には「カシミール」など、その料理名が指し示すイメージと実際のその土地の料理とが乖離している例は少なくない。それと同じことが「ムグライ」「ニザーム」「アワディー」といった宮廷料理にもいえるのだ。もしかしたら今でも、〇〇料理として飲食店で出されているメニューの多くが、厳密にはその名称とは無関係に、それ「風」の料理として創作され続けているのかもしれない。というより、そもそもレストランで出されるインド料理自体が、架空の概念をもとに作られたフィクショナルな存在なのではないか。そんなことを、ムンバイから遠く離れたとある地方都市の屋台で買ったボンベイサンドをほおばりながら、ばく然と考えていた。

伝統と最新鋭

AHMEDABAD　アーメダーバード

グジャラート料理といわれて人は何をイメージするだろう。私の場合、料理よりもテーブルの上にあらかじめ配膳されたステンレス製の大きめのターリーと[33]、その縁の内側に沿って配置された多数のヴァティコ（小皿／ヒンディー語ではカトーリー）[7]が思い浮かぶ。レストランや巡礼者食堂で見かける、着席前からそれぞれの席の前に整然と置かれた空の金属食器は他の州には見られないグジャラート特有の配膳様式であり、これを見ただけで「ああグジャラートに来た」という感慨をおぼえるのだ。

手を洗って着席すると、厨房からバケツに総菜・副菜を入れた制服姿のサーブ係がわらわらと集まって来て、目の前のターリーやヴァティコの中に一品一品置いていく。と、ここまでは南インドで食べられるミールスなどと同じである。違うのは、グジャラートの場合、水のしたたるバナナの葉がステンレス製の「ターリーと多数のヴァティコ」に置き換わり、そこにグジャラート特有の少し甘めの味付けをされたおかず類が品数多く盛られていく、という点である。

このグジャラートを象徴する「ターリーと多数のヴァティコ」は、しかし家庭では決して一般的ではない。そもそもレストランや食堂で出されるほどの多品種のおかずが家庭内で日常的に作られることなどない。グジャラート人にとって最も重要とされる昼食でさえ、せいぜいローティーとライス、それにダールとサブジーが一品程度というのが普通である。作ったサブジーもわざわざバケツに移し替えてサーブなどされない。作ったカラーヒー（鍋）[8]から直接、めいめいの皿に盛られるのだ。汁気の多さによってはヴァティコに入れて出されるが、汁気の少ないおかずならターリーの中にそのままドサっと置かれる。つまり「ターリーと多数のヴァティコ」という配膳スタイルは飲食店固有の文化であり、しかもそれはさほど古くからあるものでもないらしいのだ。

1945年にボンベイ（現ムンバイ）で、ラージャスターン出身のプロヒット氏がShree Thaker Bhojanalayという名の食堂を開業した。出す料理は自らの地元ラージャスターンの料理と、周囲にグジャラート商人が多かったことからグジャラート料理も出していた。当初はラージャスターン式にタータ（ゴザ）にあぐらをかかせて客を座らせ、ファッティー（一人前の座卓）の上に料理を置いて食べさせていた。このスタイルは今もラージャスターンの巡礼者用の古い食堂に行くと見ることができる。

やがて店には現在のような西洋式のテーブルとイスが導入されたが、一説によるとこの頃（1960年代あたり）にステンレス製の「ターリーと多数のヴァティコ」という現在の配膳スタイルが導入されたという。おそらくそれまでは、今も巡礼者用の食堂で出されるような、大皿にローティーとおかずがヴァティコなしにザバっとかけられる提供方法だったのだろう。

このように、飲食店でよく接するために当たり前だと思われているその土地の食器文化が、実は意外と最近になって「創られた」ものだったということはインドではままある。例えば、前述の南インドにおけるバナナの葉も、ミールスを出す食堂では大量に使われこそするが、家庭内では何か特別な日だとか、客人を招いた時にしか使わない。通常はステンレス製や最近ではメラミン製の一枚ものの皿が使われる。

したがってグジャラートの場合も、本当のオリジナルなグジャラート料理文化、食器文化を知りたければやはり地元の家庭を訪問するほかないということになる。そう思ってグジャラート出身の知人アンジュさんに相談してみると、アーメダーバードに住む親戚筋にあたるヴェカリアさんを紹介してくれた。

ヴェカリアさんはアーメダーバードから約230キロ離れた、グジャラート州北西部のラージコート出身。勤務先のIT系企業があるアーメダーバード市内の瀟洒な5階建てフラットの高層階に、妻と子、両親、そしてお祖母さんという家族7人で住んでいる。

出迎えてくれたヴェカリアさんは「私たちはミドルクラスです」というものの、日本語でイメージする中間層とはまったく違う。インドのミドルクラスとは、現代のインド経済を牽引する、その動向が内外から最も熱い注目を浴びている社会の中核を担う層なのだ。

淹れていただいたチャーエを飲み干すやいなや早速台所に入れていただく。まず目立つのは高身長のヴェカリアさんの背丈ほどあろうかという巨大な冷蔵庫だ。扉を開くとタッパーなどに入った食材が整然と収まっている。例えば、季節ものの葉物野菜をペーストにして大量にタッパーに詰めて冷凍し、シーズン外に時おり取り出しては楽しんでいるという。インド人も日本人同様、旬の食材をその季節に食べるのを良しとする傾向が強いが、性能のよい冷蔵庫や冷凍庫の出現で中間層を中心に徐々にその考えが変わってきているのかもしれない。

とはいえ、すべての食を最新鋭の電化製品に依存しているわけではない。例えば、流しにある水道の蛇口は電源付きのフィルターに接続されているものの、その濾過した水をさらに飲料用にマトカー[65]に入れていた。さらに飲用時に使うコップの内側には銅が張られている。銅には飲み水を純化する効能があるとされ、インドの伝統医学では身体によいとされるのだ。このように、最新鋭の機器と伝統的日用品とを当たり前のように組み合わせているのが面白い。

「ずいぶん便利になったものですよ」

水道まわりを見ていると、後ろからヴェカリアさんのお父さんが口を開いた。

「われわれがラージコートに住んでいた頃は水は共同井戸からくんでいたものです。それをマトカーに貯めて飲んでいました」

もしかしたら、お父さん世代以上の人々は今でも電気フィルターが感覚的に信用できないのかもしれない。

「ラージコート時代から使っていた調理器具はありますか?」

近代設備に囲まれた暮らしの中でも手放せない伝統的食器・調理器具とは何なのか。それこそ急速に変貌するインドの日常生活の中でも真の価値を持つ、象徴的なインドの日用道具なのではないかと思い、聞いてみた。

「いくつかありますが」

といいながらお母さんは隣の納戸の奥から重そうな道具を取り出した。

「チャッキー[43](石臼)です。私たちは日々ローティーを食べていますが、やはりこれがないと美味しいアーターはできません」

アーターは「全粒粉」と訳されることが多いが、本来は「穀物を挽いた粉」全般を意味する。グジャラートでは小麦以外にも、モロコシやトウジンビエなどの雑穀類も粉にしてバークリーやロートラーといった薄焼きパンにしてよく食べられる。原料となるアーターはあらかじめ機械製粉したものが袋詰めされてスーパーに並んでいるが、こだわる人たちは穀つきのまま買い置きし、必要に応じて自らのチャッキーで挽く。挽きたては風味が格段に違うのだ。熱を加えないようになるべくゆっくりと手で回すことでアーターの風味はひきたつ。高速回転の機械挽きにはできない技だ。アーターの風味がキープされるのは冬場で半年、夏場なら2か月といわれるが、挽いたその瞬間から劣化ははじまる。だからアーターは食べる直前に、それも手回しのチャッキーで、というのがベストなのだ。ただし自家製粉する理由は単に風味を楽しむためだけではない。

「袋詰めにしたアーターには混ぜ物されていてもわかりませんからね。やはり自分たちの口に入るものは安全第一です」

工業製品のように均一にパッケージされてスーパーに陳列される食品群。それを見て安心感より猜疑心が先立つインド人は今でも少なくない。取り越し苦労のようにも思えるが、それはわれわれがこの手の食品に対して鈍感になっているからかもしれない。

こうした日常のさり気ないこだわりが結果的に健康的であることは、隣の部屋のベッドから一部始終を微笑みながら眺めていた、御年95歳という大お祖母さんの元気な姿が何よりも雄弁に証明していた。

上：典型的なグジャラーティー・ターリー
下：フィルターで濾過した水をマトカーに入れている

観音開きの巨大な冷蔵庫

大お祖母さんを囲むヴェカリアさん一家

BIKANER ビーカーネル

不意打ちの味をもとめて

酷暑といわれる夏、5月。私はラージャスターン州ビーカーネルにやってきた。

インドの夏は暑い。とりわけタール砂漠で有名なラージャスターンは5月ともなると日中の気温が50度近くまで上昇することで知られる。時おり吹く風は「ルー（熱風）」と呼ばれ、まるでドライヤーにあたっているかのようだ。エアコンのないローカルバスが、夏場に窓を閉め切って走っているのは、窓から入るルーを防ぐためである。

一方、冬場である12月〜2月は冷える。人々は皆頭から毛布のように分厚いショールをかぶり、逃げ場のない寒さをやり過ごす。この寒暖差の激しさ、つまりきわめて過酷な自然がラージャスターンを特徴づけている。

「ならば一番過酷な夏に訪問してみるか」

その方がむしろリアルなラージャスターンの人々の生活が見えるのではないか。そんな思いで強引に自分を納得させ、私はデリーからビーカーネルに向かう夜行列車に揺られたのだった。

パンジャーブの節でも紹介したが、よくいわれる「北インド料理は肉が多い」というのは正確ではない。統計で明らかなように、ノン・ベジタリアン（非菜食主義者）は北より南の方が多いのだ。その菜食主体の北インドにあって、最も菜食主義者の割合が多いのがラージャスターンである。それは一日の食事が三食すべて菜食でまかなえるほどふんだんに野菜が採れる肥沃な土地柄であることを意味しない。むしろインド全土の中で、最も乾燥した、農業には不向きな大地といえるのだ。

そんな過酷で不毛なラージャスターンにあって、ご当地野菜ともいうべき野菜がある。それが「パンチクター」と呼ばれる、ラージャスターン料理に不可欠とされる5つの野菜の存在である。不毛な大地でも果敢に生い茂るパンチクターとは、次のような食材からなる。

ケール……砂漠地方でも生育する木になるベリーの一種。

サーングリー……砂漠地方でも生育する木になるさや豆。

ゴーンダー……インドからアフリカにかけて分布するプラムの一種。青い状態のものをサブジーの具材にする。

青マンゴー……未熟のマンゴー。アチャールの具として広く使われるが、ラージャスターンではサブジーの具材としても広く使用。

クムティヤー……和名は「アラビアゴムノキ」で、樹液はガムやガムシロップの原料となる。その実がサブジーの具材となる。

ラージャスターンでは、野菜を使った煮込み料理はすべて「サブジー」の名で呼ばれる。サブジー

オートリキシャーの運ちゃんの背後から
声をかけるところから訪問旅ははじまる

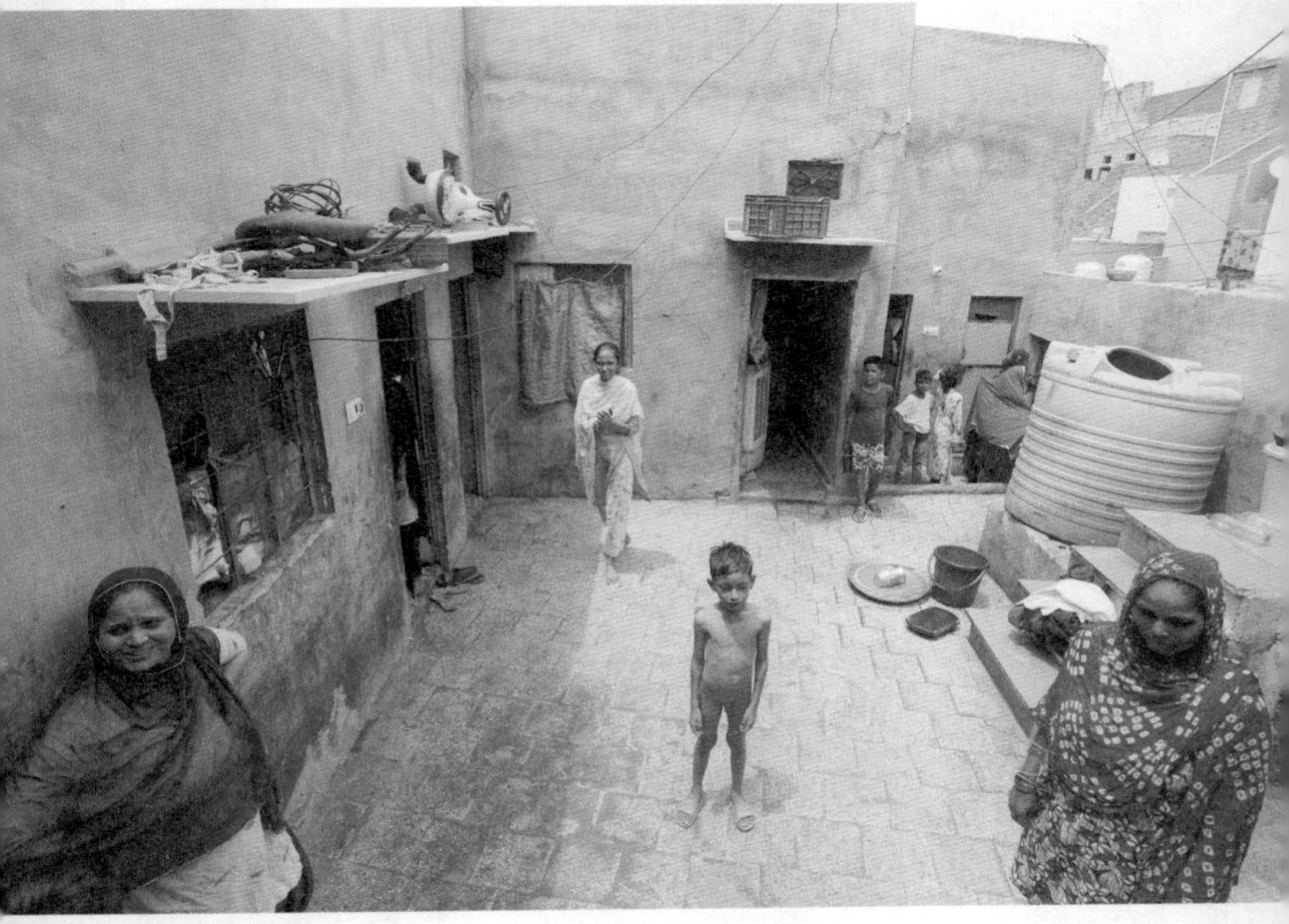

ムスリム集住地区の中にあるアムジャッド君の自宅に到着

上：新米の嫁らしき若い女性が出てきて作業をはじめる
下：作ってくれたサブジーとローティー

とはもともと野菜を意味する言葉だが、そもそも菜食主体のラージャスターンでは、野菜とはおかずそのものを指す。そこから敷衍したのだろう、素材が野菜でなくても、おかずでありさえすればサブジーと称されている。例えば豆粉の団子を具にしたものでもサブジーと呼ばれ、ケールを使ったおかずは「ケール・キ・サブジー」と呼ばれる。この「○○・キ・サブジー（○○には主原料となる野菜の固有名が入る）」という呼び方がラージャスターン特有である。ただしいくらおかずだからといっても鶏や山羊を使った肉系のものは「サブジー」とは呼ばれない。

シーズンにもよるが、これらパンチクターを使った料理のうち、特にケールとサーングリーを使ったメニューは多くの街場の食堂で食べることができる。一方、ゴーンダーやクムティヤーをメニューに入れている店は少ない。あくまで家庭で食べられる食材なのである。

このように、たとえその地方に行ったとしても、必ずしもすべての土地の名物料理が飲食店でメニュー化されているとは限らない。外食店もまた営利活動であり、いくらご当地の名産だからといって「売れない」と経営者が判断すれば店には置かれない。逆にその土地と縁もゆかりもない料理だろうと「売れる」と判断されればメニュー化はされる。

さらにインド人はこんなこともよくいう。「店の味はホンモノじゃない」。つまり飲食店とは本来の名物料理の味をより良く、より豪勢にしてしまいがちだ。これももちろん利潤追求の一環なのだが、そうはいっても、それではオリジナルな味というものが部外者にはわからないままになってしまう。では、より根源的な味に出会うにはどうすればいいのか。利潤追求しない場＝家庭を訪問するほかないのである。それも、なるべく不意の訪問が望ましい。なぜなら招待客として訪問した場合、ホスト側は普段作らないご馳走で歓待してくれがちだからだ。日常料理であっても調理手順を非日常化したり、普段入れない食材や香辛料をふんだんに入れたりする。それでは飲食店料理とあまり変わらなくなってしまうのだ。では一体、知己も誰もいないビーカーネルの地で、「日常食との不意の出会い」を実現するにはどうすればいいのか……。

とある場所からの移動中、たまたま乗ったオートリキシャーの運ちゃんに、私は思いをぶつけてみた。ちなみにオートリキシャーという密室の中で運ちゃんと二人だけというシチュエーションはこうした打診に最適な場である。なぜなら路上と違い、こちらが妙なことを口走っても運転席にいる相手は、物理的に私から離れられないからだ。

「どこかに料理するところを見せてくれる家庭はないですかね？　食材費はもちろん出しますよ。少し遠くてもいいから、そんなところに行ってみたいんです。できたらアポなしで。いや別に立派なお宅に行きたいわけじゃなく、むしろごく普通の家庭がいいんです。例えばあなたの家とか？」

走る車内の背後からの不意すぎる打診に、運ちゃんは当初面食らったような顔をして絶句していたが、やがて渋りながらも実家に招いてくれることとなった。

運ちゃんの名はアムジャッド君というムスリム青年で、連れて行ってくれたのは市郊外のムスリム集住地区。ゴミ捨て場が近く山羊が無造作にはなたれた、風向きによっては少し匂ってくる、お世辞にも綺麗な場所とはいえない集落だった。

小さな自宅に到着すると、家族だか赤の他人だかわからない老若男女の野次馬がゾロゾロと集まってきて一斉に取り囲まれた。田舎で誰かの家に案内された時によくあるシチュエーションだ。こんな時には慌てず騒がず、冷静に周囲を見回すのが肝要。集団の中で一番威厳のある老人を見つけ、こちらの訪問意図を丁寧かつ敬意を払いつつ説明する。インドのルーラルエリア（村落地帯）ではこの手の長老格の人間に許諾を得るのが潜入への近道で、そこさえ押さえればある程度集団内で自由に行動できる。

取り囲む大家族の中から新米の嫁らしき若い女性が二人ほど出てきて作業をはじめてくれた。こうした役回りはたいてい、家族の中でも力関係の弱い若い女性が担いがちだ。宅内にもガスコンロのついたキッチンはあるのだが、伝統的調理を見たいというこちらに合わせて牛糞燃料に着火する。手はじめにバージレー・キ・ローティーを焼くところから。その横でシャッターを切る私。さらに輪になってその様子を眺める大家族。

手慣れた様子でパンチクターを用いた数種のサブジー、バージラー（トウジンビエ）やマカイー（トウモロコシ）のローティーに甘味のゲフーン・カ・ダリヤー（小麦を使った蒸し菓子）まで作ってくれた。こちらが望んでいた不意の、何の事前準備もしていない状態で作る本物の日常料理である。これを大勢の家族に囲まれながら食べる。周りの子供たちから味はどうだとかいろいろ質問攻めにあうので、「こんな美味い料理が作れるんだから、この姉さんは天才だ！」などと過剰に褒めたてるとさらにギャーギャーとヒートアップする。渡すべき手土産がないことをさほど気にする必要はない。今後何十年にもわたって「あの時不意に訪ねて来た、メシを美味そうに食べていったヘンな外国人」という、末代まで語り継がれる話のネタを提供したのだから。

カッチャーとパッカー

SAWAI MADHOPUR　サワーイー・マードプル

ヒンディー語で土製の家をカッチャー・ガル、コンクリでできた家はパッカー・ガルと呼ぶことを、ラージャスターン州を旅している道中で初めて知った。カッチャーが未成熟のものを表し、パッカーとは成熟したものを意味する。

この「カッチャーとパッカー」という二分法はヒンドゥー教独自の観念にも通じる。ヒンドゥー教には火を神聖視する考え方があり、儀礼にも火を用いたものが多いが、単純にいえば「カッチャーとパッカー」とは、火の入り具合による温度差である。例えば、お湯で茹でた食べ物より油で揚げた食べ物の方がより高温で浄性は高いとされる。この場合、茹で料理はカッチャー、揚げ料理はパッカーとなる。つまりこのヒンドゥー教的二分法からすると、土製の家は火の入りが少ない未成熟で不完全なもの、レンガと鉄筋を使ったコンクリの家は成熟した完全なものと捉えられるのだ。

インドでも人口の少ない地域、つまり田舎に行くとまだまだカッチャー・ガルは健在である。そしてコンクリの家をパッカー・ガルなどといいながら、実は心の奥底ではカッチャー・ガルのある風景に琴線を揺さぶられるインド人は少なくない。日本人が木造の藁葺き屋根の家に感じる郷愁と同種のものかもしれない。居住するには古くて不便で抵抗があるが、かといって消えてしまうのは惜しい、という心情である。

土壁の家の、特に祭りの季節になるとそこに描かれる、味のある神様の絵なんかを見るのが好きだった私からすれば、味もそっけもない外観のコンクリの家が増えるのは、せっかくの田舎の景観が台無しになるような感じがしていた。一方、州当局などは、補助金を出して住宅のコンクリ化を推進している。カッチャー・ガルは災害に弱く、遅れたイメージもあるかららしい。


ラージャスターン州サワーイー・マードプルもまたそんなカッチャー・ガルのひろがる風景で知られる。そもそもラージャスターン州全体が、砂漠の中にポツンとカッチャー・ガルがあり、その回りを鮮やかな色のサリーを身にまとった女たちが水くみ場から頭に水がめをのせてしゃなりしゃなりと歩いていく、といった風景をイメージさせる場である。とりわけサワーイー・マードプルはミーナ族と呼ばれる部族民が住み、秋のディワーリー大祭が近づくと土壁を新たに牛糞混じりの泥でふき清め、その茶色い壁に鮮やかな石灰の白で幾何学的な文様を描くことで知られている。そんな砂漠のカッチャー・ガルの台所はどうなっているのだろう。期待感を抱きながらローカルバスを降りた。

しかし実際に周囲の村々を歩いてみると、高まる期待感は焦燥感へと変わっていった。一番の目的だったカッチャー・ガルがないのだ。てっきりそこら中が土製の家だらけだと思い込んでいた私は、まさか到着後にそれを探すハメになろうなどとは思いもしなかった。

朝、とりあえず最も民家が密集していそうな鉄道駅周辺をやみくもに歩きまわるも、それらしき民家は見当たらない。どれもコンクリ製のパッカー住居ばかりなのだ。やがてラージャスターン地方特有の刺すような太陽光がつらくなってきた。木陰で停車していたオートリキシャーの運転手にカッチャー・ガルのある集落はないか聞いてみた。しばらく考えていた彼は「よし、あそこ（集落）ならあるだろうな。さあ乗った」とエンジンをふかした。

「うーむ、わざわざオートリキシャーに乗っていかなければならないほど数が少ないのか……」

焦燥をつのらせつつ、半ば祈るような気持ちでリキシャーに乗り込んだ。

草木の少ない、ラージャスターンらしい一本道を、バタバタとエンジン音を響かせながらオートリキシャーで疾走すること約30分。途中から脇道にそれてミーナ族が多い集落に到着した。しかしどこを見渡してもコンクリ造りのパッカー・ガルしかない。運転手が周囲の村人に聞き込む。しかし村人たちですら頭を抱えている。

「確か奥のアジャイの家はまだカッチャー・ガルだったよな？」

「いや、ヤツの家も去年建て替えちまったよ」

そんな感じで村人自身思い出せない状態なのだ。ご多分に漏れずこの地域も、数年前から政府から補助金が出てコンクリ製のパッカー・ガルへの建て替えが推進されている。それに伴い壁画が描かれるようなカッチャー・ガルは急速に姿を消し、壁画文化そのものが消滅の危機にある。なぜ家屋がコンクリ製になると壁画文化が消失するのか。それは壁画のもつ刹那性によるものらしい。一人の村の老人が次のように教えてくれた。

「祝いの壁画は祭りの時だけの一時的なものでなければならない。なぜなら祭りとは神の一時的な降臨を祝うものであり、多くの場合それは一夜限りであるからだ。神を嘉《よみ》するために土壁に描いた絵は雨風により、祭りが終わると自然に朽ちて消えてゆく。それがあるべき姿なのだ。だが、これがコンクリ製のパッカー・ガルだと永久的に絵が消えずに残ってしまう。残った絵の跡形も、土壁ならば家の女たちの手によって水に溶いた牛糞で下地を上書きできるが、コンクリ壁だとそうはいかない。金で雇うペンキ塗りの職人仕事になってしまう」

この状況に対し、われわれ部外者がいくら郷愁やもったいなさを感じようが、居住する村人の側からすれば、土の家は大雨でも降れば壁が崩れたりして修繕が大変。補助金が出るのならと何の未練なく土からコンクリへと建て替えが進んでいる。いまだにカッチャー・ガルに住んでいるのはアーダール・カード（インドのマイナンバーカード）を持てないような、何らかの事情のある人のみらしい。とはいえ何とか探し出した村はずれの一軒のカッチャー・ガルには、浮き彫りのように手作業で造作した食器棚があってとても美しかった。かまどには素焼きの壺を割り、その大きな破片でローティーなどを焼くカダリーという調理器具が置かれていて、日常と土との距離の近さを感じさせられた。

家屋の大半がコンクリ化しても、長い間彼らの生活と密接につながってきた土との関係性は簡単には切り離せないものらしい。あるコンクリ住宅の中庭を訪ねると、今朝がた奥さんが粘土を捏ねて作ったばかりだという真新しいかまどが設置されていた。触るとまだ薄っすら柔らかい。かまどは数年使うとだんだん崩れてくるが、そしたらまた土を捏ねて作ればいいのだという。手作りかまどの材料となる粘土質の土は周りにいくらでもある。いわれてみれば確かにその家の土間には風化しかけた古い土のかまどの跡がいくつもあった。作っては風化し、また作って……といったことを日々の生活の中で繰り返すのである。

今でこそインドの家庭の食器や調理器具は、大半がステンレス製などの金属性になっている。しかし特に庶民レベルでは、器具類の金属化はほんのここ百年ぐらいの出来事であり、それ以前は皿も鍋も素焼き製のものを使っていたという。土こそ最も身近にある無尽蔵の素材であり、それを加工して家でも鍋でも作ってきた長い歴史がインドにはあるのだ。

祭りも同様で、河の泥で依り代を作り、天界から降臨した神を一時的に憑依させて祈りを捧げたのち、依り代を河に戻すものが多い。そして次の年の祭りが近づいたら、再び河の泥で依り代を作る。まるで具現化された輪廻転生だが、これがコンクリ製のパッカー・ガルになってしまうとその偉大な輪廻の流れに棹さしてしまうのではないか……などと、普段は宗教心などまったくないくせに、余計な心配をしてしまうのである。

上：カッチャー・ガルの土壁に描かれた壁画
下：カッチャー・ガルの前に集合した地元の子供たち

上：かなり設備の整ったパッカー・ガルの台所
下：カッチャー・ガルの中を案内してくれた老婆

インド屋台のイメージ

INDORE　インドール

インドのほぼ中央に位置するインドールは、マッディヤ・プラデーシュ州のフードキャピタル（食の首都）と呼ばれる。とりわけナイトバザールが有名で、陽がとっぷりと暮れた21時、市の中心部サラファ・バザールの商店街のシャッターが下りると、どこからともなく無数の屋台が迅速に現れる。屋台といっても大八車をひいて来て立ち食いさせるような簡素なものではなく、複数のフレームを組み合わせて屋根や布を張り、折りたたみのイスやテーブルをひろげ煌々と照明をたいてちょっとしたレストラン風に仕立て上げた立派なものだ。売られているのはパウバジやカチョーリーといった西インドではおなじみのものから、チャウミン、モモといった中華・チベット系、ブッテー・キ・キース（トウモロコシ粉のフレークの炒め和え）やコプラ・パティース（削ったココナッツとジャガイモの具を包んだパイ）、サブダナ・キチュリー（タピオカの粥）といったローカル色豊かなものまで幅広い。中にはタンドールで熱した素焼きカップにチャーエを入れて煮立たせ、素焼きの土の味をまとわせて飲ませるタンドーリー・チャーエなる新手の名物を出すところまであって楽しい。これら屋台の営業は深夜3時頃まで続くという、インドでは珍しい夜遊びスポットなのである。[37]

しかし、そんなにぎわいをみせる屋台料理に対して顔をしかめる（良識的な）インド人は少なくない。

彼らは主として保守的なヒンドゥー教徒で、厳格な菜食を貫き、食事はほぼ自宅で身内の手で作ったものしか口にしない。彼らの言い分はこうである。

「どこの誰が作ったのか知れないものは食べられない」

「肉が入っているかもしれないし、衛生的にも心配」

「道ばたでものを食べるなんて乞食とおなじ」

誇張に聞こえるかもしれないが、これらの主張は実際私が耳にしてきた言葉だ。保守的なヒンドゥーの人たちは、屋台料理を本気でそのように捉えている。

ヒンドゥー教には他人の唾液をことさら不浄視する思想がある。これが例えば同じコップを用いる際に口を付けず離して飲む飲み方や、使い捨ての葉皿、素焼きのカップの使用につながっている。そもそも赤の他人と食の場を同じくすること自体よくないと思っているし、ましてや不特定多数の人が往来する路上にある屋台で飲み食いすることなど考えられない。この偏見に、さらにジェンダー・バイアスがかかる。女性は人目につかないように家の中にいるべき、というのがヒンドゥー教的、いや、汎インド的な理想の女性像だ。客が訪問しても女性たちは終始給仕に徹し、客や主人が食べ終えたあとで、台所の奥で隠れるように残りものを食べるべきであり、女性が外の屋台で食べるなどもってのほかなのだ。

しかしサラファ・バザールのナイトバザールには既婚者らしき女性の姿も多数見られる。中にはおばさんだけのグループもいて、ご家族一緒じゃないんですか？　などと野暮なことを聞くと

「旦那？　疲れて家で休んでるんじゃないの。こういうところは女友達と来るのが一番ね」

上:夜が更けるにしたがい活況を呈するインドールのバザール
下:夜なのに女性だけのグループが珍しくない

こちらも女性たちだけのグループ

夜の屋台食べ歩きを楽しむご夫婦

と屈託がない。一つには治安のよさが理由だろう。実際、インドの諸都市に比べて統計的にインドールの犯罪発生率は低い。ただ、これだけ人気を博しているのはそれだけが理由ではない。屋台料理が「ストリートフード」と呼ばれて、現在メディアやネットを中心に脚光を浴びているのだ。

ひと昔前は安いだけがとりえとされていた屋台料理の、ここ数年のスポットの浴び方、取り上げられ方は尋常ではない。おそらく外国人客の多い高級ホテルのレストランで、新しいインド料理ジャンルとして「発掘」され、「再解釈」されたのだろう。食べ歩きを主なコンテンツとするユーチューバーやブロガーといったフーディーたちの影響もあるのかもしれない。屋台料理は彼らのかっこうのコンテンツとなっているのだ。

象徴的なのがパニプリ（パーニー・プーリー）だ。ピンポン玉状のプリに親指で穴をあけ、いつ作ったとも知れないポテトマサーラーを押し入れ、苦酸っぱいパニ（ジャルジーラー＝クミンや岩塩で味つけした水）と氷の入った水槽にジャポンと手ごと沈めて充塡し、一つ一つわんこそば状態で食べさせるスナックで、以前は屋台のおじさんが素手でこれをやっていた。パニで塗れた長太い指毛を見ながら、積極的におかわりする気が失せたのも今や昔。昨今では高級ホテルで出される洒落たアペタイザーへと昇格した。とりわけ2023年に訪印した岸田首相がモーディー首相らによる歓迎レセプションでつまんでいたシーンは記憶に新しい。「うわ、食べたら腹を壊すといわれたあのパニプリを……」とニュースを見て驚いた元バックパッカーも多かったのではないだろうか。

屋台特有の調理器具もいくつか存在する。その際たるものが真鍮製のパティーラー[55]（広口の鍋）だろう。横から見るとひし形のように見える平べったい鍋で、開口は小さい。真鍮製を使う理由を聞くと、遠くからでも目立つからという人もいれば、真鍮製品は身体に良いなどという人もいて結局よくわからない。屋台の上で斜めに傾けてコンロに固定するので、まるで地平線から昇る朝日のように立ち上がり、その金色に輝くパティーラーは遠くからでも確かによく目立つ。中にはたいていビリヤーニーやプラーオなどのご飯ものかチョーレー（煮込んだ豆料理）が入っていて、看板を出さなくても何屋であるかアピールできるようになっている。

ほかにも中心部がくぼむように湾曲した分厚い鉄のタワー[35]も屋台道具の定番だ。軽食に限らずインドの料理は全般的に油を多用するが、このタワーは湾曲した内側に溜めた油で揚げ、揚がったものはタワーの端に置いて保温ができるので屋台料理にピッタリなのだ。積み上げるようにして並べたアールー・ティッキー（マッシュしたジャガイモを丸めて揚げたもの）や、広い土手を作りグツグツ煮立たせるググニー（白えんどう豆の煮もの）など、インド的美意識に基づく盛りつけ方はインパクトが大きく、内外のユーチューバーの恰好の取材対象となっている。

土台となる屋台だが、畳一畳ぶんほどの木の板の組み合わせに自転車の車輪を4本取り付けたものが基本で、価格は1台3500ルピー（約5600円）。これに屋根フレームをつけたものは8000ルピー（約1万2800円）。屋根フレームには店名やメニュー写真などが入るか、こうした印刷も込みの仕事である。メニュー写真は基本的にネット上からダウンロード。街なかにあるスタッフ数人程度の一般的な製造工場で一日6～7台製造しているという。一体そのペースで製造して売れるのかと不思議に思うが、実際に売れているのだという。買い替えもあるのだろうが、それだけ新たに屋台をはじめる人が多いのだろう。ちなみにこの屋台をヒンディー語でテーラーという。

こうした4輪の屋台のほか、数は少ないが自転車にブリキの箱をくくり付けたり、荷台をひくようにしている自転車タイプ、バケツやたらい状の大皿の上の料理を、三脚の上に置いて商売する徒歩タイプ（移動の時は頭にのせる）などがある。特に自転車タイプは引いている人の年齢層が高く、古いブリキ箱に描かれた「クルフィー」（インド式アイス）なんかのレトロな書体に魅かれて、欲しくなくともつい買い食いしてしまう。そうかと思えば夜になるとネオン電飾がギンギラギンに灯るド派手な屋台もある。

変わったところでは、デリーのような大都会には夏場、水の屋台が出る。全体がステンレスで覆われた四角い無骨な箱のような外観で、この中に最大500リットルの水が入る。水は各地域別の政府管轄の水くみ場があり、屋台引きたちは毎朝そこにくみに行く。屋台引きの出身地は大半がビハール州。屋台は平均20〜40台所有するオーナーから賃借りしている。賃料は売上の約半分という。水は2ルピー、レモン水（ニンブー・パーニー）は20ルピー。酷暑期のデリーの風物詩である。

屋台料理は家庭料理とも、レストラン料理とも違う不思議な立場の料理である。外食が未発達だった時代、まず屋台からその歴史ははじまったともいう。見方によっては、屋台料理こそインドの外食料理のルーツといえるのだ。

PANAJI　パナジ❶

インド式パン文化の根源

インドにおける西洋式のパンは大まかに二つに分類できる。一つはコルカタを中心に広くインド全域で食べられている「ブレッド」と呼ばれるもの。もう一つはゴアやムンバイを中心とした西インドで食べられている「パウ」と呼ばれるもの。呼び名の通り、英語であるブレッドはイギリス由来、パウはポルトガル由来である。

ブレッドはイギリスから伝わっただけあって、イギリス本国で現在も食べられている形状・味とほぼ同一。具体的には、日本のものより小ぶりかつ薄くスライスされた耳つきの食パンである。日本でイギリスパンというとブリキの型（イギリスではティンと呼ばれる）に入れ、フタをせずに焼き上げた山型の食パンというイメージがあるが、実際のイギリスではフタをしたほぼ正方形の食パンが主流であり、インドでも同様の形状が一般的となる。特にインドでは英領時代の19世紀に創業したBritannia社が最大手で、国内どこの食料品店でも同社の食パンを見かける。味もイギリス式を継承したのかあまり美味しくはない。

一方西インドでは現在でも食パンではなくパウが主流である。特にラディパウが最も一般的で、形状はこちらもブリキの型（地元ではクムチャーと呼ばれる）に入れて窯で焼き上げたものだが、サイズは食パンより小さく、丸みを帯びたフォルムに仕上がる。パウには切り込みが入れられていて、一つの型で作ったパウは6つにちぎり分けられるようになっている。硬く厚い外皮と中のモチモチしたテクスチャーとのコントラストが絶妙な、それは美味しいパンである。

ちなみに型に入れて焼くパンは18世紀ごろにイギリスで開発された技術で、それまでは型に入れない丸パンが作られていた。型で焼くパンは一つ一つ成形する必要のある丸パンに比べて大きく作り上げることが可能で、一つの窯でより効率的に大量生産できた。

ムンバイでは至るところでこのラディパウを見かける。旧市街の雑居ビルの裏手には古びたベーカリーの煙突が見え、その下ではランニング姿の職人が早朝から大量のラディパウを焼いている。それを自転車に大量に積んで食料品店に配達するやいなや、朝のパウを買い求めに来た人々が奪うようにして買っていく。またムスリム地区にある食堂ではキーマとパウの朝食が定番で、油の浮いたキーマにレモンを絞り、ちぎったパウに肉汁をよく吸わせて口に放り込む。ハーフフライ(半熟の目玉焼き)がつけばいうことはない。ムンバイの朝の楽しみである。一方プネーでは、ベジの具材を挟んだミセル・パウやワダ・パウといったパウを使った軽食文化が華開いている。

もちろん本場であるゴアでもパウは食卓にかかせない。かの有名なゴア料理、ポーク・ヴィンダールーに合わせるのもパウだし、朝はバジと呼ばれる野菜煮と共にパウを食べる。各集落には自転車にくくり付けたカゴにパウを積んで売り歩く「パウ売り」が毎朝現れる。ゴアの朝はパウ売りの声で目覚めるのだ。夕方にはバザールの辻などにやはり自転車のパウ売りが立っている。このようにゴアではパウがとても身近な存在である。

このパウを焼く工場を見てみたかった。しかし地図で探すとパウの本場であるゴアには家内制工場が点在しているのだが、いずれも街の郊外にあり歩いて行くには距離がある。レンタルバイクは国際免許がないと貸してくれない。とりあえずパウでも食べながら思案しようと、たまたま宿の近くにあった渋いベーカリー・カフェに入る。先代から50年続いているというこの店には、厨房の古いオーブンで焼いたビスケットやケーキのほか、パウを使ったサンドイッチも置いてあった。パウは自家製ではなく毎朝製造所から配達されるというので、気さくなオーナーのアントニーさんに「そのパウの製造所が見たいんですよ」と告げると「ポダー（パウ製造所）に行きたいのか？　よし、じゃあ連れて行ってやるよ」とバイクに乗せてくれた。

10分ほど走って到着したのは街外れにある一軒家。入り口脇に大量の薪が積まれているほかは普通の民家と外見上まったく変わらない。屋号は壁に小さく“PADRIA”とじかにペンキ書きされているが、教えてもらわなければここがポダーだとは気がつかない。それでも周辺の住民らしき人たちにはおなじみの場所のようで、その日のパウを買う客が次々にやって来る。家族経営らしく小さな子どもたちが辺りを走り回っていた。

庭先に燃料の木材を大量に積んだポダーに入ると奥の窯ではパウ焼き作業の真っ最中だった。窯はかまくらのような白く丸い塊に横穴を開けたようなシンプルな構造で、直径3メートルはあろうかという大きさ。熱気に包まれた作業場では2人の職人が成形したパウを一つ一つ窯内へリズミカルに投入していた。ちなみにここで作られているパウは次の3種。

上:アントニーさんに案内してもらったパウの製造所
下:熱気に包まれた作業場では、2人の職人が真摯にパウを焼き続けていた

上:焼きあがったばかりのパウ(ウンダイ)
下:自転車のパウ売りはゴアの風物詩

①**ポイー** Poi……中が空洞になったザラザラした食感のもの。
②**ラディパウ** laddi pao……ムンバイでもおなじみの少し軽い食感のパウ
③**ウンダイ** undo pao……ズッシリと重い食感のパウ。

これらが主にゴアで主食として食べられるパウで、さらにバリエーションとして、ドーナツ状のカークナー、砂糖を使った菓子パンであるママカパウなどがある。窯の稼働時間は早朝3時から17時まで。1日に約4000個のパウを製造しているという。長時間、生地を捏ねて成形し、高温の窯で焼き続けるのは大変な重労働である。

パウ作りの技術はポルトガルによってもたらされた。ポルトガル人にとってパンは日々の食料としてだけでなく、キリスト教儀礼(ミサ)をする上で不可欠なアイテムだった。16世紀、ゴアに定住しはじめた初期のポルトガル人を悩ませたのが、パウの発酵の元となるパン酵母がこの地に存在しないこと。試行錯誤の結果、スールと呼ばれる椰子の発酵樹液を用いて発酵させる技法を開発し、堅い外皮の丸パンの製造に成功した。のちにインドを征服したイギリス人も既にインドに高いクオリティーのパンが存在することに驚嘆した。これが今もゴアで作られ続けているパウである。

他都市と同様、ゴアの街なかのレストランにもモダン化、あるいは外資の波が押し寄せている。とりわけキリスト教徒が多く食肉のタブーが少ないせいか、洒落た外観に冷房の効いた店内でサンドイッチやバーガーを食べさせる欧風の店が増え、若い客を中心ににぎわっている。そこで提供されるバンズはゴアで長年愛されてきたパウとはもちろん異なるものだ。

またゴアのホテルや大型レストランに行くとよくわかるが、厨房などで働くのはベンガルやビハール、ネパールから出稼ぎにきた労働者たちである。農業や漁業といった一次産業や単純労働の現場では、州外の労働力に頼らざるを得ない構図がゴアに限らず南インド全域で見られる。州全体で約300あるというポダーで働くパウ職人は今のところ地元出身のキリスト教徒が大半だが、現在のような長時間の過酷な労働条件では今後確実に後継者問題が生じていくことだろう。

パウという一つ一つ微妙に形の異なる、素朴な手作り感が持ち味だが、やがて大規模工場で大量生産された無機質なパウにとって代わられるかもしれない。ゴアにも広大な売り場面積を持つスーパーマーケットがあり、きれいに包装されたブレッド類が売られはじめている。こうした棚に、いつ大工場製のパッケージされたパウが並ばないとも限らない。しかし幸いなことに、ゴアの街なかでいつも混みあっているのは昔ながらの小さなベーカリーやポダーである。朝夕ともなると古びた小さな店先にゴアの老若男女が集まってくるのはとても情緒のある光景だ。部外者はいつもその土地の内情も知らず身勝手な願望を抱きがちだが、願わくばこの昔ながらのゴアの光景がいつまでも続いて欲しいと思った。

ゴア・フェニーで白昼夢を

PANAJI パナジ❷

サンサンと降りそそぐ太陽の光と、アラビア海から吹くさわやかな潮風を、まるで遮断するかのような薄暗く退廃的な店内。その日も私はゴアの小さなバーでよどんだ空気を吸っていた。周りにはテーブルにフェニーかウイスキーを置いて、内容のない話に興じている先客のおじさんたちが数組。

「真っ昼間から、いいオヤジどもがまったく……」

自分のことは棚に上げて、おじさん客の方を非難めいた眼で見ようとするが、暗くてよく見えない。飲み屋の内部を薄暗くするのは飲酒に寛容なゴアとて他州と同じである。

グラスに注がれた30ミリリットルのフェニーを安いソーダで割る。度数42度のフェニーが瓶ソーダあわせて25ルピーという安さ。手っとり早く酔っぱらいたい向きには、とても「コスパ」がいい酒だ。

フェニーは香りというか匂いというか、独特のクセが鼻につく。このクセを中和するためか、隣のおじさんはライムを絞っていた。しかし、昼夜問わずバーに通って飲みなれてくると、この鼻につくクセがむしろ一つの味わいとなって感じられてくる。その境地にいたるまで飲み続けることが果たしていいのかどうかは別にして、グラスを傾けながら私はこの独特の酒のことが気になっていた。一体、誰がどこで、どんな風にして作っているのか。ゴア特有のうっそうとした森の中、伝統技法で作られ

パナジのバーでフェニーを飲む

原料となるカシューの実

る南国の酒。「よし、一つ製造現場を訪ねてみようじゃないか」。酔いも手伝い、私は熱く決意した。頭上には年季の入ったパンカーが、力なくねっとりとした空気をかき回している。

フェニーの誕生はゴアを支配したポルトガルと密接にかかわっている。そもそもフェニーの原料となるカシューの木はブラジル原産で、ポルトガルによってゴアにもたらされたものだ。カシューナッツ・ペーストの入ったクリーミーなカレーは今やインドレストラン料理の定番となっているが、トマトやチリやジャガイモ同様、大航海時代にポルトガルを介してインドに入った、比較的新しい食材なのである。

カシューナッツはカシューの実の種だが、ほかの果物のように果実の中に種が入っているわけではない。果実の尻にくっついて生成する。その形状は「まが玉」のようでもある。成木は8～15メートルほどにもなり、人が手を伸ばして届く高さではない。熟した果実はやがて地面に落ちる。赤黄色く変色したカシューの果実は、その色と形状から「カシュー・アップル」と呼ばれる。このカシュー・アップルを発酵させ蒸留したものがフェニーである。3月～5月ごろ、高いカシューの木の下にカシュー・アップルがバラバラと無造作に落ちているさまはモンスーン前のゴアの農村の風物詩である。

ちなみにインドでは古代文献に有名なソーマが登場するように、古くから酒（ソーマが酒かどうかについては諸説あるが）は身近である。とりわけイスラム王朝のムガル時代には飲酒文化が華ひらき、当時の文献には酒を愛する皇帝や詩人らがひんぱんに登場する。このムガル時代に確立された酒税法（物品税法）はほぼそのままイギリスの統治機構に継承され、イギリスに大きな税収をもたらした。

インドの蒸留酒作りは、入植したイギリス人事業家によって蒸留所が作られたことで広まった。きれいな水の湧き出る山中で、事業家たちはウイスキー、ジン、ラムなどスピリッツ類（いわゆる洋酒）の製造をはじめた。独立後、イギリスの撤退にともない蒸留所は譲渡され、インド人の手によってスピリッツ類が作られるようになる。こうして作られた国産洋酒はＩＭＦＬ（Indian Made Foreign Liquor）と呼ばれる。一方、インド国内で製造している地酒的な蒸留酒はＩＭＩＬ（Indian Made Indian Liquor）と呼ばれる。ヒンディー語でデーシー・ダールなどと呼ばれるこの酒は、基本的にサトウキビの精製物である粗糖を中心に、あらゆる穀物を原料とする。酒税（物品税）がＩＭＦＬよりも安いことから、インド全体の酒の流通量としては最も多く、フェニーもこのＩＭＩＬに分類されている。ただしＩＭＩＬは品質管理がゆるく、中には故意に混ぜられたメタノールによる死亡事故がニュースで報じられるなど、「安かろう悪かろう」のイメージがつきまとう。

こうした悪いイメージを払拭しようと、フェニーの業界団体の働きかけにより、まず２００９年には地理認証（ＧＩ＝Geographical Indications）をインドの酒類として初めて取得。これによりフェニーはゴア特産の商品であることが認定され、登録した酒造業者以外の参入が制限された。次いで２０１６年には州の「ヘリテージドリンク」であると認証された。従来、品質がまちまちだったフェニーに統一基準が設けられ、ゴアを訪れる大勢の観光客にもっと安心して楽しんでもらうと同時に国内外への輸出も拡大。近年ではより品質を向上させたフェニーを生産し、ブランド化を図る動きや、それらを楽しむ洗練されたバーも複数登場している。

ゴアでは蒸留するためのかめをバッティと呼び、そのかめで蒸留する業者や製造所のことをバッティ

バッティを火にかけゆっくりと蒸留する

出来立てのウラックを
ボトル詰めしてもらう

カルと呼ぶ。このバッティカルの場所がわかりにくい。当局推奨のフェニー蒸留所巡りツアーなるものがあるらしいが、団体ツアーが苦手な私はパナジのバスターミナル近くのタクシーだまりで数人に声をかけ、案内してくれる運ちゃんを見つけることにした。パナジ市内から運ちゃんの知るバッティカルまでは約30キロの道のりだ。車を走らせてすぐに、景色は熱帯性の植物に覆われた深い緑とそれを支える赤土の大地とに変わった。ところどころ渡る河には片側二車線の大きく立派な橋がかかっている。道の数か所には検問がある。聞くと隣州カルナータカで近く選挙があり、酒の持ち出しなどを監視しているのだという（インドでは投票日やヒンドゥー教に基づく祝日などに酒を飲んで人々が暴徒化するのを防ぐためドライデー＝禁酒日を設けている）。

そうこうしているうちにバッティカルに到着。深い森におおわれた、田舎道の脇にたたずむ簡素な骨組みをヤシの葉とテント布で覆っただけの掘っ立て小屋という外観。そこに数人の若者が働いていた。皆、実家は近くの農家だという。早速気になっていたフェニーの製造工程を見せてもらう。

集めてきたカシュー・アップルをコルムビと呼ばれる平たい石台の上に撒く。コルムビは傾斜がつけられていて、傾斜の下の先端には竹筒の配管がついている。一昔前までは人の足でカシュー・アップルを踏みつけ、しぼり出たニーロ（果汁）が配管を伝わってバケツに注がれていた。今では作業効率や衛生面から人の足ではなく、ピングレと呼ばれる搾汁機が使われている。

集められたニーロはコテムと呼ばれるタンクに3、4日溜め、発酵させる。発酵のすすんだニーロの表面には黒ずんだ泡が浮かんでくる。しっかりと発酵させたニーロをバッティに移す。バッティの下には薪がくべられ、四六時中熱せられている。熱せられたニーロから蒸留した液体が配管を伝ってドラム缶にポタポタとしたたり落ちる。この火の管理やドラム缶の交換といった作業をするのが若者たちの仕事だ。普段は実家の農作業している彼らが、小屋のような寝室に寝泊まりしながら交代で番をする。寝室の傍らには煮炊きをするための土のかまどが2口と、ステンレス食器や調味料を置く割と立派な手製の棚があった。ちなみにこのバッティカルは、モンスーンに入り役割を終えると朽ちるがままに放置される。そしてまた来年、同様の小屋が作られるのである。

バッティから最初にできた蒸留液をウラックと呼ぶ。ウラックの度数はまだ弱く20〜25度ほど。ウラックも瓶詰めにして街場のバーなどでも売られている。このウラックをさらに蒸留させてアルコール度数を高めたものがフェニーである。

「一杯いかがです?」

話を聞き終えると、バッティカルで働く青年がコップにウラックを注いで飲ませてくれた。フェニーより度数は低いとはいえ、生《き》のままで飲むウラックはむせ返るような生々しさだった。太陽はまだ頭上高く、それでいて昼なお薄暗いゴアのジャングルで飲む酒は、その蒸し暑さも手伝ってまるで白昼夢のような酔いごこちだった。

Column

ムンバイ 新しくて古い工場

インドの食器問屋街を歩くとどこもかしこもステンレス製品だらけである。店の外に置いているのはデーグやハーンダーといった巨大な鍋類から、店内に入ればあらゆるすき間も埋めるかのようにターリーやカップ、圧力鍋から製粉機に至るステンレス製がびっしりと並べられている。商品全体の8割以上がステンレス製だろうか。室内の蛍光灯に照らされてまるで圧迫感すら感じるほどの強い輝きを放っている。

「一体、なぜインドにはこんなにステンレス製の食器が多いのですか?」

商売上、よくそんな質問をされる。古い時代からインドには真鍮や青銅といった金属は存在していたが、当然希少で高価だったため権力や資金力のある人たちの元へとあつまるか、一般には神像などきわめて特殊な用途に限られていた。日常的な用途で用いる食器は素焼きの器が一般的だったという。

浄・不浄の観念の強いヒンドゥー教徒にとって、最も身近な不浄の一つが他人の唾液である。仮に素焼きの器を他人と共有する場合、よほど丁寧にゴシゴシ洗わなければ不浄は落ちない。しかも素焼きの器は何度も洗えば溶けて崩れてしまう。だから大人数での会食には素焼き皿ではなく、使い捨てられる葉皿が用いられてきた。一方、頑丈な金属皿ならガシガシといくら強く洗浄しても壊れない。つまり他人と食器を共有するような場合、金属製であるのが本来望ましいらしい。ただし真鍮や青銅は高価で、また入手できたとしても手入れに手間がかかった。インドには今でも真鍮や青銅の修理のみを生業とする業者がいるほどである。時代が下ってアルミやステンレスといった廉価な金属がようやく出回るようになった。これにより、例えば大衆食堂のような不特定多数の人々が出入りする場所でも食器の共有が可能となったのである。

問屋街の古めかしい雰囲気から、あたかもステンレス製食器が伝統的に使われてきたようなイメージが持たれがちだが、実はステンレス鋼材そのものがヨーロッパで「発明」されてからまだ百年程しか経っていない。当初こそ兵器など軍事利用されていたステンレス鋼材は、やがてその実用性から台所製品に多く使われるようになる。このステンレス製台所用品がインドに伝わり一般化したのが１９６０年代といわれる。ただし70年代以降になってもインド国内ではステンレス製品はまだまだ高価で希少だった。家庭を訪ね歩いて使い古されたステンレス製品をサリーなどの女性衣類と交換するバンディベールという行商人が今もムンバイの古い街区にはいるが、金属が貴重だった当時の名残りを感じさせる。

とはいえ現在、世界最大の鉄鋼メーカーは実はインドの会社である。ミッタル・スチールは世界の名だたる鉄鋼メーカーの買収を繰り返し、創業からわずか30年で鉄鋼生産量世界一の会社へとのしあがった。そのほか、インド独立前から国内で鉄鋼生産していたタタ・スチールなど、インドは元来鉄鋼業が盛んな国でもある。

ステンレス製食器は今やインド全土に広まり、もはやそれなしのインド料理はイメージできないほどの存在となっている。一般的に「インド料理とは？」と問われて頭に思い浮かぶのは大きなナーンとカレーが入ったボウルの並んだピカピカ光るステンレスのターリーではないだろうか。こうした製品はどんな現場で作られているのだろう。普段仕事を手伝ってくれているインド人業者に頼んで、とある食器製造工場を見学させてもらうことにした。

案内してもらった工場地区は、ムンバイ中心部から70キロほど北上した場所にあった。都会の喧騒とも田舎のひなびた感じとも異なる、トタン外壁の工場が点在するだだっ広いきわめて殺風景な場所だった。建物の内部から鈍い機械音が聞こえてくるので稼働していることはわかるのだが、普段あれだけ人のいるインドでその姿がほとんど見えないのが異様だ。中に入ろうとすると、作業場の脇の事務所からワイシャツ姿の経営者がいぶかしむように顔を出した。案内役のインド人業者が工場見学をしたい由を取り次いでくれ、承諾は得たものの決してオープンな感じではなかった。聞くと彼を含めてこの一帯にある工場経営者は皆マールワーリーだという。「インドのユダヤ人」と称される、金儲けのうまさでその名が全土に知れ渡るラージャスターンの商人カーストだ。ちなみに、先述した世界一のミッタル・スチールのCEOで大富豪のラクシュミー・ミッタルもまたマールワーリーの出自である。

作業所内には機械で丸く裁断加工したステンレス板が山積みになっていて、それを一枚一枚工員が機械プレスしている。でき上がったものは別の機械で研磨されて、食堂で見なれたあのターリーになっていく。積み重なったターリーは最後に年輩の工員が慣れた手つきでクルッと回して凹みやキズの有無を確認したのち、表面に会社の刻印が木槌でトンと打たれ、隣の女工さんが剝がしにくいシールをベタッと貼りつけて完成。あとはトラックに載せられ出荷されていくのを待つ。

それにしても新しいはずのステンレス食器を作る工場なのに、このそこはかとない「伝統工芸品」感は何だろう。インドとは売り方や製造過程も含めて、新製品を昔ながらの雰囲気に感じさせる類まれな国なのかもしれない。

おわりに

「インドの食器の本を書いてみませんか?」

そんな内容のメールが届いたのは、2020年の12月だった。今まで何冊か本は出しているが、インドの食器についての本など初めてだ。

——そんな奇特な本が売れるのだろうか。しかしインド食器の輸入業をしている自分にとってまたとない企画であることは確かだ——。

「是非、よろしくお願いします!」

興奮気味に返信し、張り切ってパソコンに向かってはみたものの、しかし作業はすぐに行き詰った。

一つひとつの食器や調理器具について丹念に書こうとすると、どうしても製品解説になってしまう。しかしそれだと単なる商品カタログみたいで面白くない(のちにそれは巻末の用語一覧にしてまとめることとなった)。偏りすぎる内容をどうにかせねばと悩んだ末、やっぱりインドを舞台にした紀行文仕立てにするのがよかろうという結論に達した。

インドのあちこちで使われている食器や台所の様子を実際に訪ね歩き、各地のインド人との心温まる交流や美味しいグルメ情報なんかを織りまぜながら綴っていく。これなら一般受けするに違いない。自らのアイデアに深くうなずいた私は、とりあえず綿密な旅の計画を練ることにした。この地方にはこんな食器文化があり、あの地方に行けばあんな食器製造現場があって……。行程を組むこの作業は旅好きの私にとって無上の喜びである。そもそもインド食器屋という奇特な商売も、旅好きが高じてはじめたものである。念には念を入れ、日本やインドに在住する友人知人のインド関係者をあたって訪問可能なインド人家庭も紹介してもらうことにした。これで準備は万端だ。

こうしてコロナ後のインドに3年ぶりに降り立つや否や、水を得た魚のようにインドの東西南北を縦横無尽に泳ぎ回った。この30年、毎年欠かさずインド通いしていた私にとって、コロナ禍で行けなかった3年はずいぶんと長く感じられた。紹介してもらったインド人宅訪問も開始した。しかし実際に「書くこと」を前提として訪問させてもらっているうちに、次第に別の困難を伴うようになってきた。それは多くの台所を見れば見るほど感じて来る、ある種の同一性によるものだった。東西南北さまざまなインド人宅を見聞したが、地域や人が変わったからといって、台所や道具までもが必ずしも劇的に変わるわけではない。端的にいえば、南インドに住むヴィジャイさんの台所にあるインド食器と、北インドに住むアジャイさんの台所にあるインド食器とはさほど変わらないのである。

単に旅行者としてその地を訪れ、台所にお邪魔しながら和気あいあいと食事するだけなら何の問題ないのだが、せっかく紀行文としてインド全土を歩いてまとめるのだから、可能な限り地域ごとの台所を書きわけたい。しかしいざ書こうとすると、どうしても似た感じのものになってしまう。

これはいかん……。再び私は打開策を講じることにした。思いついたのは、行き当たりばったりで訪問者をみつける方法である。好都合だったのが、本文中にも登場するカシミールのファロークさんのようなオートリキシャーの運ちゃんだ。出会いがしらのような打診を重ねていくうちに、どのような問いかけをし、それにどう反応すれば最短距離で彼らの台所というゴールにたどり着けるのかが把握出来るようになった。一冊の薄いマニュアル本が書けそうなくらいの知見が蓄積されたが、それはまた別の機会に譲るとして、そこには確かに紹介者を介して訪問したのとは別の、多種多様な台所があった。

土を盛ったかまどがあるだけの、先住民族マリア族の台所、狭小住宅に数十年住み続けるコルカタ華僑の台所、世界最大のスラム街に住むムスリム一家の台所……。しかしそれら特殊と思えたお宅訪問をいくども重ねるうちに再び見えてきたのは、やっぱりインドの台所の持つかたくななまでの同一性だった。

デリー郊外の豪邸で5台の冷蔵庫を持つ、現代の宮殿のようなサヴィーナさんの台所であろうと、コルカタで60年間ホームレス生活を送るアミーナさんの物の少ない台所であろうと、調理のための火をおこし、鍋の中に油とホールスパイスを落とし、具材とマサーラーを投入してサブジーを煮炊きする調理工程そのものは実はなんら変わらない。そこにはインド人にとっての食という、日常生活の根幹を生成する装置としての台所があるのみだった。

ネタになりそうな特殊で珍奇な台所を狙ってみたところで、その安直さをやすやすと打ち砕く堅牢な世界。そんなインドの台所の持つ、特殊性と同一性のはざまをゆれ動き、行きつ戻りつした末に出来上がったのが本書である。

そんな右往左往をしているうちに、当初のメールをいただいてから、コロナ禍を挟んで丸4年もの月日が流れてしまった。その間、根気よくお付き合いしていただいた編集者の倉畑さんには感謝しかない。インド留学経験もある倉畑さんには、こちらが気づかない細かなご指摘を多々いただいた。また、長年のインド仲間である矢萩多聞さんにデザインを担当していただけたのも嬉しかった。そしてなにより、お宅を訪問させてもらったたくさんのインド亜大陸の方々、また彼らをご紹介していただいた方々に心から感謝します。

2024年5月
小林真樹

❖参考文献

井坂理穂・山根聡編『**食から描くインド——近現代の社会変容とアイデンティティ**』春風社、2019

小谷汪之『**インド社会・文化史論——「伝統」社会から植民地的近代へ**』明石書店、2010

小西正捷・佐藤宗太郎『**インド民芸——民俗のかたち**』木耳社、1977

小林真樹『**食べ歩くインド　増補改訂版**』阿佐ヶ谷書院、2024

西岡直樹『**とっておきインド花綴り**』木犀社、2020

ビー・ウィルソン『**キッチンの歴史——料理道具が変えた人類の食文化【新装版】**』真田由美子訳、河出書房新社、2019

ビジョン・ムカルジーほか『**とっておきのインド・ベンガル料理**』マガジンハウス、1995

兵庫県立近代美術館ほか編『**インド部族芸術展図録——生きている土の鼓動**』読売新聞社、1988

平尾和雄・『**ネパール旅の雑学ノート——暮らし／トレッキング／スルジェ館その後**』ダイヤモンド社、1996

プレム・モトワニ編著『**インド人が語るニューインド最前線！**』時事通信社、1998

本田遼『**ダルバートとネパール料理——ネパールカレーのテクニックとレシピ、食文化**』柴田書店、2020

リジー・コリンガム『**インドカレー伝**』東郷えりか訳、河出文庫、2016

レイチェル・ローダン『**料理と帝国——食文化の世界史紀元前2万年から現代まで**』ラッセル秀子訳、みすず書房、2016

『**コッラニ　インドの人と文化　13　インドのお祭り特集**』コッラニ編集部、1989

Kora, Aruna Jyothi, "Leaves as dining plates, food wraps and food packing material: Importance of renewable resources in Indian culture", ***Bulletin of the National Research Centre***, 43(1), 2019

Mascarenhas, Odette, ***The Culinary Heritage of Goa***, Menino Joe Mascarenhas, 2014

O'Brien, Charmaine, ***The Penguin food guide to India***, Penguin Books India, 2013

Singh, Yogesh, ***A Culinary Tour of India***, Dreamtech Press, 2020

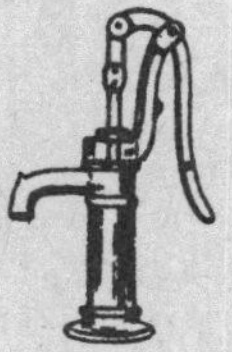

インド台所用品用語集

1 **アーター・チャニー**　アーター用のふるい(網)。石臼で挽いたアーターの不純物をふるいにかける道具。

2 **アートゥッカル**　タミル語でドーサやイドゥリーのマウ(生地)を作るための石臼(つき臼)。今でも南インドの村落部では各家の軒先などに大きなアートゥッカルが置かれているのを見ることができる。

3 **イドゥリー・チャッティー**　タミル語でイドゥリーを蒸すための蒸し器。アルミ製品が廉価に市場に出回る前は、素焼きの皿や葉を丸めたものにマウを詰め、蒸しあげていたという。

4 **オークリー**　金属製、あるいは石製の臼と棒。本来は臼だけを指し、棒はムーサルという。ホールのスパイスを粉砕するのに使う。

5 **ガッディー**　ナーンをタンドールの内側に押し当てるための分厚い布。

6 **カッドゥカス**　おろし金。四つ脚でプラートに置いて使用するタイプが多い。

7 **カトーリー**　ターリーの中に置く小さなボウル、鉢、碗。大きなものをカトーラーと呼ぶ。

8 **カラーヒー(調理器具)**　煮鍋。材質は元来鉄製が多かったが、最近はアルミ製のものが多い。本来持ち手は付かず、サンダシーで持ち上げる。「カラーヒー・〇〇」など、食材名と結びついて「〇〇鍋」という料理名にもなる。巨大なものはカラーハーという。

9 **カラーヒー(食器)**　調理器具のカラーヒーを模したレストラン什器。外側は銅、取っ手は真鍮、内側はステンレス製でヨーロッパのアンティーク調に作られている。

10 **ガラート**　河端に設えられた水車。水力を利用して穀物を製粉する。

11 **カルチー**　お玉。またはテンパリング(熱した油を注ぎ込む料理工程)のための道具。

12 **グラインダー**　主に「ウエットグラインダー」の名で電動式の石臼(アートゥッカル)を指す。容量が1~2リットルの家庭用から7リットル以上の業務用までさまざま。

13 **クルハル**　素焼き素材のカップ。チャーエやラッシーなどの屋台でよくみかける。使い捨てで、使用後は地面で叩き割られる。一時期紙やプラ製に押されていたが、その「伝統的イメージ」により使用する店が増えている。

14 **クルピー**　タンドールからナーンをはがすための棒。先端が扇状の小さなへラになっている。

15 **ケトリー**　ヤカン。以前は真鍮製のものが一部で見られたが、現在ではアルミ製が主流。チャーエ屋の必需品。

16 **ゴーシュッパル**　カシミール地方のワーザ（宴席料理職人）が用いる木製の肉叩き用ハンマー。

17 **ゴーター**　ハリームなどを料理する際に使う木製のマッシャー。タミル語ではマットゥ。

18 **コーラフ**　搾油器。以前は菜種のまま備蓄し、その日に使うぶんのみ取り出して搾られていたという。サトウキビの搾り器も同名。

19 **サマワール**　カシミール地方で用いられる、内側に保温用の木炭入れポケットを設えた茶用のポット。材質は錫メッキをした銅。もともとはペルシアから伝わった。カフワー（緑茶）やヌン・チャーエ（塩茶）に用いるがドゥードゥ・カフワー（ミルクティー）は入れない。

20 **サリヤー**　タンドールからナーンを引っかけて取り出すための棒。先端にレの字状の返しがついている。

21 **サンダシー**　やっとこ。元来インドの鍋類は持ち手の無いものが多く、これで持ち運ぶ。

22 **シプリ**　真ん中がすぼまった形状の鍋。

23 **ジャーラー**　油すくい。揚げ物を油から取り出すための道具。

24 **シラーク**　カシミール地方のワーザが用いる肉切り包丁。

25 **シール・バッター**　サドルカーン。土台の石の表面に置いた食材をハンドサイズのあて石でこすることで粉砕、ペーストにする道具。先史時代からあるプリミティブな道具だが、インドでは今も一般的に使われている。タミル語でアンミッカル、ネパール語では、シロウタ。

26 **スープ**　箕《みの》。米などの穀物と実を選別する道具。

27 **タクター**　カシミール地方のワーザが用いる丸太のまな板。

28 **ダスタルカーン**　特にムスリムの間で用いられる、食事をするときに敷く布。

29 **ダッカン**　フタ。

30 **ダッバー**　小箱。複数のスパイスが入った調理用の小箱をマサーラー・ダッバー（スパイスボックス）、ミルク缶をドゥードゥ・カ・ダッバーというほか、「弁当箱」の意味でも用いる。ダッバー・ワーラー（弁当箱配達人）はムンバイの風物詩。

31 **ダム**　土製壺の中に具材を入れてフタをし、練った小麦生地ですき間をふさぎ炭火などの上で長時間加熱する調理法。元来はペルシアのタヌール（タンドール）で調理したあとの残り火を有効使用するために用いられた調理法。

32 **タラミ**　カシミール地方の銅製プレート。特に婚礼時の宴席で、4人で一つのタラミを囲むならわしがある。材質は錫メッキをした銅。

33 **ターリー**　ヒンディー語で皿。タミル語だとタッティー。このうち特に食事用の皿を「ボージャン（食事の）ターリー」という。また一皿で出される定食の意味もある。

34 **タールバーン**　カシミール地方の脚付きの銅製皿。ライスなどを盛り付ける。

35 **タワー**　焼き物用の板。現在では大半が鉄製の板だが、ラージャスターン州の一部では今も素焼きの板でローティーを焼く光景が見られる。

36 **ダーンティー**　床に座って使う包丁。もともとはヒンディー語で「鎌」を意味するように、半月状の鎌に似た形状。タミル語ではアリヴァルマナイ、ベンガル語でボーティー。

37 **タンドール**　ナーンやローティーを焼く窯。燃料は炭。地域により埋め込み式と露出式とがある。ナーンを売るナーンバーイーやニハーリー食堂などは埋め込み式、パンジャーブや最近のレストランは露出式が多い。現在のものはペルシアのタヌールが伝わったものとされるが、先史時代の遺跡からも同様のものが見つかる。埋め込み式を用いる飲食店や専門店の場合、タンドールの材質が土ではなく鉄、燃料はガスである場合が多い。一部のヒンドゥー教徒はガス式を「匂いがつく」といって嫌う人もいる。

38 **チムター**　チャパーティーなどを摑むためのトング。先端が平らになっている。

39 **チャイナク**　パキスタン西部で見られる、カウワを飲むためのホーロー製の急須。

40 **チャーエ・チャニー**　チャーエ用の茶こし。

41 **チャークー**　（小型の）ナイフ。

42 **チャクラ**　（チャパーティー、ローティーを捏ねるための）円形の台。石製、または木製が一般的。

43 **チャッキー**　またはジャーンター。（手動・電動問わず）石臼、製粉機。

44 **チャニー**　（穀物粉を選別するための）ふるい。網。

45 **チャンマチ**　スプーン。

46 **チューラー**　かまど、コンロ。チューラー・チョーカーで台所仕事の意。

47 **デーグ**　大鍋、大釜。ニハーリーやビリヤーニーなどの調理に使われる。「デーギー・〇〇」など食材名と結びついて「〇〇鍋」という料理名にもなる。

48 **デーグチー**　小さなデーグ。

49 **トゥール**　カシミール地方の銅製の小皿。おかず類を盛り付ける。

50 **トクリ**　ナーン、ローティーなどを入れるためのカゴ。

51 **ドーサッカル**　「カル」はタミル語で石。元来ドーサを焼くための石板が、材質が鉄になった現在でも名前だけ踏襲されている。

52 **ドーナー**　編んだ葉で作った小皿。ダールのような汁物も入るようにくぼんでいる。サーラ（沙羅双樹）、ダーク（ハナモツヤクノキ）、マフワー（イリッペ）などの葉で作られる。

53 **パッタル**　複数の葉を編んで一枚にした広めの葉皿の総称。テルグ語でヴィスタラク。

54 **バーティー**　またはカトーリー。椀、小皿。

55 **パティーラー**　広口の鍋、半寸胴。インドの厨房で最もよく見かける調理器具の一つ。

56 **パラート**　またはカトーター。小麦粉を捏ねたりするための金属製の大きめの鉢。

57 **パルター**　ターナー、フライ返し。

58 **バルタン**　食器。バルタン・ワーラーで食器屋の意。

59 **バルタンスタンド**　食器棚。かつて欧州で使われていたデザインがステンレス素材となって現代でも踏襲されている。

60 **ハーンディー**　壺、壺状の鍋または容器。材質は土、鉄、銅などさまざま。「ハーンディー・〇〇」など、食材名と結びついて「〇〇鍋」という料理名にもなる。巨大なものはハーンダーという。

61 **プレッシャークッカー**　圧力鍋。ダールや米飯調理などに使用。その利便性からインド亜大陸全土に広まっている。クッカルとインド訛りで略されることが多い。

62 **ベーラン**　チャパーティーやプーリーの生地を捏ねるための棒。タミル語ではカッタイという。

63 **ポウアー**　1リットルの四分の一、250ミリリットルのミルクを測るための升または分銅。

64 **マタニー**　素焼きの壺でミルクを攪拌するための棒。ロープがついていて、両手で引っ張るように攪拌することでマッカンやラッシーを作る。

65 **マトカー**　素焼きの水がめ、またはミルクなどを入れる容器。井戸水を入れておくと気化熱で冷却される。サイズの小さいものをマトキーと呼び、ダヒー（ヨーグルト）入れなどに用いる。

66 **マンチャッティ**　タミルやケーララで調理に使う素焼き鍋の総称。「マナ」が土、「チャッティ」が器。作る料理ごとに使い分けていて、特に魚料理に同じマンチャッティを使い続けると味が鍋肌に沁み込み、使い込めばそれだけ美味しく仕上がるという。

67 **ミクシー**　電動ミキサーのこと。インドの電動ミキサーは硬いホールスパイスなどを粉砕するため、容器が強化ガラス製でなくステンレス製のものが多い。

68 **ムーサル**　杵。殻付きの穀物を叩いて脱穀するための道具。かつて穀物は殻付きのまま備蓄され、調理につかう数日ぶんごとに脱穀されていた。小型のものはオークリーと対にして使用する。

69 **ラガン**　真鍮製や銅製の幅広の鍋または桶。

70 **ロータ―**　水飲み用の壺。

■**黄銅製品**　真鍮（ピッタル）製品のこと。食器の材料として用いる地域もあるが、神具・法具の材料となる場合が多い。かつて広く使用されていたが、価格や掃除に手間がかかり、現在では多くの地域でステンレス製のものに置き換わっている。

■**紙製品**　アーンドラでは葉皿のことをヴィスタラクと呼ぶが、一部の飲食店では紙で作ったヴィスタラクの方が乾燥させた本物の葉皿より上等だと思われている。またタミルでは宴席などでバナナの葉を皿にして食事をする習慣があるが、バナナの葉を模した代用の紙皿が売られている。

■**ガラス製品**　食堂やチャーエ屋で使われている分厚いガラスのコップには、製造途中で混入した気泡がみえるものがある。イギリス植民地時代に導入されたころは「西洋人が使うもの」として評判がよくなかったという。

■**牛糞**　ヒンディー語でウパラー。成形し乾燥させたものは燃料として販売される。一部のヒンドゥー教徒にとっては最も浄性の高い調理用の火とされる。点火しやすいため、着火剤として用いる場合もある。

■**青銅製品**　ヒンディー語で「カサ」。食器の材質になるのは黄銅(真鍮)よりもむしろ青銅の方が多い。ステンレスやアルミが普及する前は主に青銅製の食器が広く使われていた。現在でもアッサム地方では日常的に使われている。

■**竹製品**　スプーンなど一部の什器に用いられるほか、中南部の丘陵地帯では竹筒で蒸した鶏(バンブー・チキン)や竹筒で香りづけしたバンブー・ビリヤーニーを出す店がある。

■**薪**　ガス化の進むインドだが、薪で作る料理が美味しいと感じるインド人は多い。また長時間調理する場合はガスよりも廉価なため、まだまだ現役の燃料として活躍している。

■**銅製品**　アルミやステンレスが登場する以前は食器や調理器具の素材として広く使われていた。鍋類は劣化防止のため錫メッキされることが多い。また銅が水に触れると身体に良い成分(銅イオン)が抽出されるため、銅製の水入れを用いると健康になると考えられている。

■**陶器**　発祥の地にちなんで英語で陶器を「チャイナ」と呼ぶように、インドでもヒンディー語で「チーニー・ミッティー」、タミルやケーララでは「チーニー・チャッティ」などと呼ぶ(チーニーは中国の意味)。インドでは金属食器との併用が見られるが、隣国パキスタンやバングラデシュでは金属よりも陶器が多く使われている。本国イギリスでは失われた、陶器のカップからソーサーに受けて冷ましながら飲む飲み方が、おもに西インドでは今も残っている。

■**土器**　現在では金属製に置き換わっている鍋類も、かつては土製が主流だった。薪火の上で使い続けることで焼成されて密度が増し、強度が増して割れにくくなるという。今でも素焼き鍋ならではの味を求めて使い続ける人は多い。また、入れておくと中の水が適度に冷えてまろやかになるマトカー、チャーエを入れて使い捨てするクルハルなど現在でも広く現役で活用されている。

■**葉皿**

バナナの葉　主に南インドの寺院や婚礼などにおける宴席で宗教を問わず用いられていた形式が、のちの飲食店でも踏襲されるようになった。葉皿にのった食事は「ミールス」と呼ばれるようになり、今では代表的な南インドの食堂料理となっている。一部地域では使い方が作法化され、葉の向きや食後の畳み方に規定がある。例えばタミルでは葉の先端を「頭」と称し、祭礼や婚姻の際には切り落とさない一枚ものの葉が用いられる。バナナの葉を皿として利用する地域は広く、南インド全域から東はベンガル～メガラヤ、北はネパールで宴席時の使用が確認されている。葉だけを専門で扱う業者や専門で栽培する農家も存在する。皿としてだけでなく、包み蒸し、包み焼きなどの調理器具としても活用されている。また温かい料理を置くと葉の表面からポリフェノールが発生し、味を向上させ身体にもよいと信じている人もいる。

サーラの葉　北インドで皿の素材として最も多く活用される葉。「沙羅双樹」の名で日本でもよく知られる。数枚編んでいわゆるターリー(皿)としても使われるほか、碗型に成形されたドーナーの素材にもなる。バナナの葉同様、料理の味を高めると考えられている。

バウヒニアの葉　アーンドラ北部ではバナナの葉ではなくバウヒニア(テルグ語でアッダク、ヒンディー語でマールー)のヴィスタラク(葉皿)を多用する。模造の紙皿もバウヒニアを模したものが多い。

その他　ヒンディー語でパラーシュ、テルグ一語でダークと呼ばれるハナモツヤクノキの葉は皿材、梱包材として全インドで幅広く使われる。カトハル(ジャックフルーツ)の葉はカルナータカ～アーンドラで4枚の葉の端を結び、容器にして米粉生地を入れて蒸すイドゥリー容器となる。高級材木として有名なチークの木の葉も、南インドでは数枚つづりにして葉皿になる。グジャラートではバルガド(バニヤン)の木の葉で皿類やコップも作っていた。またカルナータカではアレカ(檳榔)の厚みのある葉が乾燥され、プレス器で切り抜かれて皿になる。ベンガルではミシュティドイ(甘いヨーグルト)を入れる素焼き容器のフタにコマル(蓮)の葉を用いる。その他南西インドではサトイモの葉、タミルではサゴヤシ、アーンドラではパームヤシの葉が皿材として用いられる。

◎著者略歴

小林 真樹（こばやし・まさき）

東京都出身。インド・ネパールの食器、調理器具を輸入販売している有限会社アジアハンター代表。著書に『日本の中のインド亜大陸食紀行』『日本のインド・ネパール料理店』『食べ歩くインド増補改訂版』（以上、阿佐ヶ谷書院）がある。

インドの台所《だいどころ》

2024年7月10日　初版第1刷発行
2024年8月30日　初版第2刷発行

著者　小林 真樹

発行者　福田 隆雄
発行所　株式会社作品社
〒102-0072　東京都千代田区飯田橋2-7-4
電話　03-3262-9753　ファクス　03-3262-9757
振替口座　00160-3-27183
ウェブサイト　https://www.sakuhinsha.com

装丁・レイアウト　矢萩 多聞
写真　小林 真樹
本文組版　米山 雄基
編集　倉畑 雄太
印刷・製本　シナノ印刷株式会社

Printed in Japan　ISBN978-4-86793-031-1　C0026